우미의 사랑별 편지

김학주 제7시집

* 본문 페이지에서 한 연이 첫 번째 행에서 시작될 때에는 〈 표기를 합니다.

시인의 말

삶의 분수령에서 가장 먹먹했던 날
글 속에서 아주 짧지만 굵은 한마디
'힘내'라는 말로
슬픔을 딛고 일어난 후

그때 제가 받은 용기와 함께
어떤 상황에서도 마음 놓지 마시고
'마지막까지 힘내시라'는 당부의 말을 돌려드리고 싶었습니다.

2024년 4월
우미 김학주 시인

차례

시인의 말 • 5

나에게 보내는 편지 • 16

웃어요 • 18

아침 편지 • 19

반전 • 20

중년의 용기 • 21

고마워 딸랑구 • 22

당신은 안녕하십니까 • 23

참회 • 26

선택 • 27

용서 • 28

좌절 금지 • 29

오늘 • 30

나를 칭찬해 줘라 • 31

자화상 • 32

동백처럼 • 33

엄마 • 34

기도 • 35

용서는 사랑입니다 • 36

꽃은 꿈을 포기하지 않습니다 • 37

옹골찬 나무처럼 • 38

비의 꿈 • 40

나의 거울이 되어줘 • 41

어제와는 선뜻 작별하세요 • 42

인과응보 • 43

네가 필요해 • 44

단언컨대 • 45

당신에게도 든든한 빽이 있습니다 • 47

작전타임 • 48

독서는 여행입니다 • 49

견디는 것이 이기는 겁니다 • 50

다 자기 하기 나름입니다 • 51

용서가 답입니다 • 52

누구에게나 길은 있습니다 • 53

당신은 어머니의 크나큰 자부심입니다 • 54

오늘 웃으세요 • 55

행복 찾기 • 56

희망을 꿈꾸세요 • 57

행복 마술사 • 58

오늘 아침 마음과 약속하세요 • 59

자신을 사랑하세요 • 60

핑계 뒤에 위기가 온다 • 61

급할수록 멀리 보세요 • 62

행복은 청결한 곳에 쌓입니다 • 63

마음 열쇠 • 64

땡이더이다 • 65

웃을 일은 매일 있습니다 • 66

피어라 너는 봄이다 • 67

세상의 중심은 나 • 68

행복은 웃음 타고 옵니다 • 69

자신을 낮추세요 • 70

부부는 거울 • 71

감사로 시작하세요 • 72

최선을 다하세요 • 73

행복 화장법 • 74

숨 쉬는 당신은 행복한 사람입니다 • 75

괜찮아 • 76

친구 • 77

당신의 선택은 • 79

언변言辯 • 80

당신의 색은 잘 있나요? • 82

아파야 할 때 아팠던 것뿐입니다 • 84

쇠별꽃 • 86

나눔의 행복 • 87

당신의 선택을 믿으세요 • 88

미루지 마세요 • 89

지금을 살아가세요 • 90

나를 칭찬해주세요 • 91

오늘은 당신 차례입니다 • 92

지금이 기회입니다 • 93

오르지 못할 산은 없습니다 • 94

당신만 할 수 있습니다 • 96

노을처럼 • 97

담쟁이처럼 • 98

상생 • 100

당신이 걱정하는 일은 일어나지 않습니다 • 101

아프니까 인생입니다 • 102

주머니 속에 꿈을 • 103

당신의 오늘은 다시 돌아오지 않습니다 • 105

행복은 마음이 좌우합니다 • 107

선물 잘 받고 계신가요 • 109

마음 숲 가꾸기 • 110

반복 효과 • 111

마음에도 청소가 필요합니다 • 112

당신도 피카소가 될 수 있습니다 • 114

그때그때 하세요 • 115

물처럼 정직하게 • 116

배려하는 습관이 행복을 불러옵니다 • 118

그때그때 표현하세요 • 119

리듬을 타세요 • 120

생의 추억 만들기 • 121

예측할 수 없는 것이 인생이다 • 122

열렬히 사랑할 때처럼 • 124

마음에게도 사랑이 필요합니다 • 126

마음 샘물 • 127

딱 1초만 더 생각하세요 • 128

자기 최면 • 129

꿈은 희망의 끈입니다 • 130

잘 웃는 사람으로 기억되게 • 131

그런 사람 당신이면 좋겠습니다 • 132

스스로 외로움을 캐내지 마세요 • 134

웃다 보면 웃을 일이 생깁니다 • 136

넘어지지 않으려면 움직이세요 • 137

견디지 못할 시련은 없습니다 • 139

시간 요리사가 되어 보세요 • 141

행복은 내가 낮아질수록 깊어집니다 • 143

나와 뜨거운 연애를 하세요 • 145

상대방의 말에 집중하세요 • 147

당신은 꽃입니다 • 1489

땀은 거짓말을 하지 않습니다 • 150

얼굴 내비게이션 • 152

1초의 기적 • 153

오늘이 답입니다 • 154

마음 볼륨 • 155

입장 바꿔 생각해보세 • 156

아직 오지 않은 것들에 마음 빼앗기지 마세요 • 157

당신은 오늘 어떤 선택을 하시겠습니까? • 158

1초의 기적 2 • 160

사람 냄새 • 161

푸른 신호등 • 163

가슴 뜨거운 행복 • 164

칭찬하기를 참지 마세요 • 165

꿈 없는 아침은 희망도 없습니다 • 166

가까울수록 더 아껴주세요 • 168

아름다운 입술을 위하여 • 169

오늘 아침 당신의 선택은 • 171

1분이면 충분합니다 • 172

내가 행복해지는 이유 • 174

행복은 받기보다 주려고 할 때 빛이 납니다 • 175

채워가는 행복 • 177

당신을 위해 짬을 내세요 • 178

사람 숲 • 179

스스로를 축복하세요 • 181

자신을 믿으세요 • 182

장수 비결 • 184

행복을 곁에 두는 방법 • 185

자신에게 관심을 주세요 • 186

당신은 누군가의 롤모델입니다 • 187

말하는 기쁨 듣는 즐거움 • 189

사랑 설명서 • 190

그릇 • 191

사는 맛 • 193

지금의 행복을 끌어안으세요 • 194

적극적으로 표현하세요 • 196

당당하게 나답게 • 198

적극적으로 살아보세요 • 200

때는 옵니다 • 201

마음을 다스리세요 • 202

아픔 감추기 • 204

감사하세요 • 206

피그말리온 효과 • 207

내가 정답입니다 • 208

같이 사는 세상 만들기 • 209

감탄하는 습관을 가지세요 • 211

웃어야 하는 이유 • 212

눈으로 보는 세상 • 213

행복의 횟수를 늘리려면 • 215

콩 심은데 콩 나려면 • 217

1%의 차이 • 219

서로의 온도가 되어주세요 • 221

스킨십 • 222

말이 화火가 됩니다 • 224

생각 차이 • 227

아침 첫 생각이 하루를 좌우합니다 • 228

사랑을 실천하세요 • 229

마음 저금통 • 230

마음은 빚, 몸은 재산 • 232

명상은 자기 사랑의 실천입니다 • 233

몸과 마음은 하나여야 합니다 • 235

안부도 저축입니다 • 237

거저 피는 꽃은 없습니다 • 238

행복은 꾸준함에서 옵니다 • 240

당신은 어머니의 자랑이십니다 • 241

한 번에 얻어지는 행복은 없습니다 • 242

마음먹기 따라 당신도 부자가 될 수 있습니다 • 244

봄처럼 살아요 • 245

행복 레시피 • 246

응원은 모난 돌도 둥글게 만듭니다 • 248

마음 색 • 249

변종 된 삶의 방향을 바꿔라 • 250

99%의 행복은 가까이에 있다 • 252

용기는 어떤 두려움도 이긴다 • 253

현재를 사랑하세요 • 254

사랑을 쓰고 안부를 적고
하루치의 웃음까지
듬뿍 담아서 보냈어요

도착했나요?

당신의 우체통이
빨간색보다 더 빨간
두근두근 색이면 좋겠습니다

나에게 보내는 편지

긴 잠에서 깨어나고 싶다
이 고통이 꿈이라면 좋겠다
어느 날 꿈에서 깨어나면 머릿속이 샘물보다 더 맑았으면 좋겠다

천사의 마음 반,
악마의 마음 반,
서로 지지 않으려고 나를 붙드는데

날개를 단 천사의 마음 쪽으로
조금씩 기울고 있는 걸음엔 미소가 번지지만
끝내 놓치지 않으려는 악마의 발악도 만만치 않다

어차피 모두 내 마음이지만 다 잡지 못한 또 다른 나
시련도 아픈 만큼 온다는데 아픔도 곧 지나가겠지

내가 지켜온 사람 중 나를 버린 사람도 있지만
용서하겠다, 그래야 마음을 비울 수 있을 테니까

이제 남은 나의 사람들 내 책임을 다해야지
견디자, 더 이상은 울지도 말자
내일이면 언제 그랬냐는 듯 사라지기도 하는 통증

난 누구보다 강하지 않았더냐

이깟 고통에 쓰러질 내가 아니지 않았던가
그보다 더한 시간 넌 당당히 이겨내지 않았던가

힘내라 나여, 즐겨라 나여,

 훗날, 오늘의 아픔이 생의 즐거운 획을 가르는 전환점
이었다면
 꼬-옥 웃을 날 있으리라

웃어요

남들이 웃어도
내 얼굴에 웃음이 달라붙는데
당신이 웃고 기뻐하면
내 마음이 어떻겠어요

웃음은 행복의 씨앗
웃음에 인색하지 말고
웃고 또 웃어요

행여, 많이 웃는 당신을 따라 웃다
내 배꼽 달아나도
당신 책임 아닙니다

아침 편지

사랑을 쓰고 안부를 적고
하루치의 웃음까지
듬뿍 담아서 보냈어요

도착했나요?

당신의 우체통이
빨간색보다 더 빨간
두근두근 색이면 좋겠습니다

반전

뜻하지 않게 움츠리고 있다고요

허물어졌나요?

그렇다면 차라리 잘 됐네요

밑바닥까지 보았다면

당신은 도약을 위한 준비가 끝났다는 것

이제 높이 뛰기만 하면 되니까요

중년의 용기

언제나 그 자리다
허락하지 않는 정상을 향해
아등바등해봐도
되풀이되는 고단한 인생길
그 시간의 굴레를 탈피하려
아직도 피 끓는 청춘인 양 부딪혀 보는데

힘겨운 열정만큼
다시금 구부정해지는 허리는
갈지자 발걸음에 점점 더 무게를 더해
시력도 청력도 심지어 머리 색깔까지도
어느 하나 예전만 못해 당황스럽지만

멈추고 싶다고 멈출 수는 없는 삶
툭툭 털고 다시 걸어야겠지
나를 바라보는 사람들과
내가 믿었던 세월에게
맥없이 무릎 꿇어서야 되겠는가

그래, 용기를 내보는 거야
꺼지기 전의 촛불이 제일 밝은 것처럼
지켜야 할 우리 생의 아름다운 몫을 위해

고마워 딸랑구

아빠의 마음 시집詩集에는
힘들고 고단할 때마다 꺼내 보는 꽃 같은
좋은 일 생겼을 땐 맨 먼저 보여 주고 싶어
만지작거리는 네 잎 클로버 같은
항상 사랑하는 딸이 있단다

아빠의 마음 주머니에는 항상
잦은 방전으로 초조해할 때 '잘하고 있어'하며
말해주는 친구 같은
날 선 고민이 있을 때마다
크게 호흡하게 해주는 산소 같은
비타민 같은 딸이 있단다

얼마나 큰 꿈을 가졌으면
멋진 수영을 보여 주려고
숨 참는 법을 배우고 있는 딸랑구

짭조름하고 매캐한 세상에
등 돌리지 않고 맞서니 너무너무 고맙고
떫은 맛 나는 세상을
눈물 꿰매지 않으니 감사해서
아빠는 오늘도 너로 영차영차 기운이 난다

당신은 안녕하십니까

기가 막혔습니다
나에게 내가 없는 날이 왔으니까요

매정하게 등 돌린 후
홀로 서지 못하는 습성에 수렁에 잠겨야 했던 흉금
그렇다고 탓할 수 없었습니다

가혹하다는 표현도 사치일 정도로
온통 먹빛으로 밤은 길어지고
흘릴 눈물까지 다 말라버린 것도
나의 무지로 인해 생긴 틈이었으니까요

돌아보면 참 많이 기다리고 참아내며
내게 해주었던 쓰디쓴 말들
그땐 왜 그리 자만했는지

소홀하지 말았어야 했고
설레설레 버려두지 말았어야 했는데
그렇게 끝났구나 싶었습니다

그러나 참회는 또 다른 나를 움직였는지
모진 내 영혼에 음파처럼 날아온 소식 한 장

〈
새 떼가 지나간 듯 너덜너덜해진 생生
너무 젖어 군불조차 뗄 수 없었던
고뇌와 욕정에 떨던 생이 마르기 시작했습니다

내 것이라고 우겼던 나
내 것이 아니란 걸 알았을 때의 그 아픔은
오지 않을 그리움의 색으로 물들여 놓고 가는 저녁해

있어야 내 것이고
그걸 지켜야 내 것인 것을 알게 된 후
아름다운 마침표를 위해
나에게 나를 묻고 또 물으며 살게 되었습니다

이 글을 읽고 있는 당신은요?

당신이 당신에게 하는 말에
귀를 기울이시나요?

쉬라고 하면 쉬세요
멈추라고 하면 멈추시고요

'나에게만 왜 이런 고통을 주십니까' 하며

당신이 당신에게 질문하기 시작하는 순간
아무 말도 하지 않는 당신의 당신을 만나게 될 겁니다

참회

아스팔트 틈새에 피어

오가는 발길 분주해도

해맑게 웃는 민들레는

생이 아름다워 예쁜 표정 짓는데

잎 마른

표정 지으며

얼마나 인생을 탓했나, 나는

선택

웃고 우는 것은 너의 몫이라면
웃어라

소리가 소리를 키우듯
굳이 드러내지 않아도 될 것을
숭숭 숭 속이 뚫렸다고
겉까지 도려낼 필요야 있겠느냐

누구도 다독일 수 없고
간섭할 수 없는 감정이라면
웃어라

삶이 맵다고 찡그리느니
차라리 웃는다면
지금보단 강해지지 않겠느냐

용서

누군가를 미워하면
과연 그가 내가 생각만큼 아파할까?

오래 끌수록 나만의 다툼만 계속되고
결국 자신만 힘들게 만드는 것을
꼭 무릎을 꿇려야 행복한 건 아니다

차라리 용서하자
나의 행복을 위해 매를 들어야 한다면
용서만큼 아름다운 채찍은 없으니까

좌절 금지

뜻하지 않은 시련이 찾아오더라도
좌절하지 마세요

또 다른 출발선에 서게 하시는
어쩌면 당신에게는
새로운 기회일지도 모르니까요

오늘

어제를 살았다고
오늘을 주시다니요

주저앉을 핑계를 찾느니
묵묵히 다독이고 인내하며
주신 하루 감사하며 살겠습니다

나를 칭찬해 줘라

처음부터 완벽한 사람이 있더냐

넘어져 봐야 일어나는 법도 배우고
쓰러져 봐야 깨어나는 법도 안다

칭찬에 인색하지 말고
내가 나에게
잘하고 있다고 해주고
쓰담쓰담 괜찮다고 해주자

나를 일으켜 세워줄 수 있는 유일한 사람은 나뿐이다

자화상

내가 지은 죄를 모를 리 없었다
덧없는 욕망의 나날들
그때는 어쩔 수 없었다 하나
그 부끄러움 알면서도
뉘우치지 못해 골 깊어진 이마의 때

생의 절반은 지옥이었다
반전을 꿈꿨던 나날들
누구보다 가슴이 뜨거웠다 하나
뜨거워질수록 칸칸이 가로막힌 절규에
열심마저 뒤틀려 휘어진 손마디

그래도 가끔은 행복했었다
사랑을 쌓았던 나날들
비록 넉넉하지는 못했다 하나
내 작은 몫 떼어내 나누었던 안부에
나도 모르게 흐뭇해 생긴 입꼬리의 주름

동백처럼

절망이나 두려움이 왜 없겠어요
그러나 엄동설한 매서운 바람에도
심지어 툭- 송이째 떨어져서까지
저리 웃을 수 있는 건
혹한을 이겨내려는 마음 때문이겠지요

그래요 바로 마음입니다
행복하기로 다짐하지 않았다면
동백이 노란 이 들어내며 웃고 있을 수는 없었겠죠

곤한 맘 내려놓으세요
우리는 늘 겨울 속에 살지 않습니다

설령 생이 서럽더라도
헤퍼 보인다 싶을 정도로 웃어 보세요

당신은 시린 날에도
가슴 뜨겁게 벅차오를 줄 아는 꽃이랍니다

엄마

1.
아무리 불러도 좋은 이름이 있습니다

삶에 치일 때나
즐거운 일이 있을 때나
행복과 불행 사이에서
맨 먼저 떠오르는 이름 엄마

당신은 약손이고
당신은 사랑이십니다

2.
지금 부르면 와주실래요

눈물 먼저 들어서는 지금
엄마 약손 닿으면
무릎까지 고인 눈물샘 싹 다 마를 것 같아서요

기도

겨우겨우 한 줄 볕에 기대어
콘크리트 틈새로 풀꽃은 피고
절벽 위의 나무도
한 줌 흙에 뿌리 내리고 살아갈 수 있는 건
의지를 갖게 하심입니다

맑디맑은 샘의 시작은 순조로웠으나
돌 뿌리에 치이고 부딪히고
때론 가뭄에 길이 막혀 골창에 갇히더라도
이윽고 바다에 닿을 수 있는 건
믿음을 갖게 하심입니다

하물며 말할 수 있고
어떤 감정도 묘사할 수 있는 표정도 있는데
왜 자꾸 약해지는지
기도할 수 있는 두 손과 마음도 있는데
뭘 두려워하는 것인지

'담대하라' 하신 말씀
한 번 더 가슴에 새기며
저 미세한 거미줄에도 길을 갖게 하셨듯
믿고 의지하며
꿋꿋이 지금의 어려움을 극복해 나가겠습니다

용서는 사랑입니다

흠집 없는 꽃이 없는 것처럼
허물없는 사람이 어디 있겠습니까

다시는 안 볼 것처럼
가슴에 못질만 한다고
미움의 땟자국이 지워질까요

앙금들이 모여 통증이 되고
내 아픔만큼 상대방 또한
눈물로 간 맞추며 살게 되겠지요

시간을 놓치면
얼룩진 굴레의 두께까지 오롯이 당신 몫,

울화가 명치끝을 벼려 뾰족해지기 전에
티에는 이해를 바르고
결함이 있다면 배려를 발라주세요

가시 박혀 곪은 속내에 용서를 바르고
그 위에 화해의 반창고를 붙여 주며 사는 것이
눈부신 나를 만들 수 있는 사랑입니다

꽃은 꿈을 포기하지 않습니다

누구나 세월을 깎고 다듬어
꽃을 피우고 열매를 맺지만
그 열매의 빛깔과 크기는 다를 수밖에 없습니다

물론 다 같으면야 좋겠지만
살아봐서 아시겠지만, 삶이 그리 녹록하던가요?

설령,
지금은 못다 여물었더라도 기죽진 마세요

세상에 기다릴 줄 모르는 꽃은 없는 것처럼
당신도 이미 꽃으로 피어났기에
때를 기다릴 줄도 알아야 합니다

버거울수록
향기를 잃지 마시고
자신의 빛깔을 뽐내세요

열매는 자신을 사랑하고 믿을 때
얻을 수 있는 예쁜 생의 팻말입니다

옹골찬 나무처럼

화려함도 잠시
스스로 꽃잎 하나하나를 솎아내고
훗날 폭염에 허물 벗다가
갈기 세운 폭풍우와 맞서다가
구멍 숭숭 뚫린 채 칼바람과 맞서야 할 테지만
떠난 시간을 뒤돌아보지 않는 나무들처럼

지난 세월은 물론
찰나에 과거가 될 지금의 아픔까지도
절대 뒤돌아보지 마라

숨 쉬고 있는 지금의 행복을
과거라는 가위로
싹둑싹둑 잘라내고 있다면
미래의 자화상조차 그릴 수 없는
혼돈의 주인공이 될 터

살아있다는 건 희망이 있다는 것이 아니겠느냐

시련이 깊어질수록
뿌리를 움켜쥐는 나무들처럼
지금을 꽉 붙들고

현실에 충실해라

친친 감은 설움의 땟자국을 밀어낼 수 있다면
미래의 주인공은 네가 될 테니까

비의 꿈

비가 먹구름을 이탈해
떨어지기 시작할 때
마지막 종착지가 어디일지 몰라도
망설이지 않는 것은
자신의 운명을 믿기 때문입니다

꽃송이 위면 좋겠고
나무 위나 강, 호수 위면 좋겠지만
설령 막막한 도로 한복판이나
고층 빌딩 옥상 위에 떨어질지라도
기꺼이 응결하여 빗소리를 내는 것은

이리 튕기고 저리 튕길지라도
꿈이 있는 한
부서지지 않는다는 걸 알기 때문입니다

나의 거울이 되어줘

만약 내가 너의 거울이라면
도르르 입술을 말아 올릴 때가 예쁠까?

입술에 화火를 주렁주렁 매달아
축 처졌을 때가 예쁠까?

내가 너의 거울이 될 수 있는 것처럼
너도 나의 거울이 될 수 있는 거야

삶에서 떫은 냄새가 나
숭숭 숭 가슴에 구멍났다 해서
표정까지 왕창 구기고 있다면
보는 내 마음은 어떻겠니?

너는 나의 거울
힘들수록 입꼬리를 들어 올려줘
넌 웃을 때가 제일 예쁘니까

어제와는 선뜻 작별하세요

조금은 야박했을지도 모르는

어제가 허무하게 지나갔더라도

풀냄새 나는 아침 햇살과

나를 외면하지 않는 한낮의 세상 풍경

그리고 따뜻한 말로 반겨주는

별빛 빛나는 공평한 밤이 기다리는데

행복을 스스로 문단속하지 마세요

어떤 공포도 노여움도

또 하루의 새로운 날을 이기지 못합니다

인과응보

지금 당신의 말투는 어떠세요?
공격적,
아님 상냥

누구나 대접받고 싶은 것처럼
그런 마음이라면
당신이 듣고 싶은 말투로 말하세요

내가 듣고 싶은 말은
내 입에서 출발합니다

네가 필요해

행복아
어려운 부탁일지는 모르겠지만
지금부터 눈 꼭 감고
1박 2일 동안 나랑 있어줄래

남고 떠나고는
전적으로 내가 하기 나름이기에
살짝 긴장도 된다만
그렇게 나랑 있어 보다
괜찮겠다 싶으면 눌러앉으렴

물론 나도 사람인지라
가끔 흔들릴 때도 있겠지만

행복아 네가 날 믿어준다면
하늘이 무너져도 나는 너를 지켜내겠다

단언컨대

된장찌개에 된장만 넣고 끓인다고
과연 맛이 나겠느냐

파도 썰어 넣고 두부와 돼지고기에
갖은양념을 넣고
펄펄 끓여야 맛깔스럽지 않겠느냐

인생도 마찬가지

순탄하고 평온하기만 하다면
사는 맛이 나겠느냐

울음도 송송 송 썰어 넣고
두루두루 실패도 섞어주고
소금 같은 아픔이나
고춧가루 같은 서러움도 뿌려가며
화염의 늪 속에서 팔팔 끓기도 해야
삶이 감칠맛 나지 않겠느냐

가난이 뿌리박고 서 있고
상대방이 화낼 만큼
오타 난 글씨를 모르고 보낸 편지처럼

생각과 달리 생이 엉뚱하게 흘러가도
기죽지 마라

남루한 일상 조물조물 묻혀내다 보면
약속이나 한 것처럼
통증 하나 없는 세월과 마주할 것이다

당신에게도 든든한 빽이 있습니다

빈 주먹으로 태어나
두 주먹 꼭 쥐고 살아가는 세월
빽 없어 서럽고 원통하다며
얼마나 자신을 원망하셨습니까

NO. NO. NO. 모르는 말씀,
정말 빽이 없었다면 지금 여기까지 왔을까요?

눈에 보이는 빽만 빽은 아닙니다
하긴 죄짓고 사는 양
풀 죽은 눈 끝이 땅에 떨어져 있으니
당신의 머리 위에 든든한 빽이 있다는 걸 알 수가 없었겠죠

고단한 삶의 잔해들이 버거울 땐
머리 위를 올려다보세요

넓은 하늘은 언제나 당신 편
그 안의 반짝이는 별들도 다 당신 편입니다

믿고 기대보세요
당신은 절대 혼자가 아닙니다

작전타임

목표를 위해 달리기만 한다면
과연 지치지 않고 목적지에 도착할 수 있을까요?

하도 힘들어 고개 숙이고
매캐한 삶의 향에 눈물 삼키며
잠시 허리 펴고 땀 한번 닦아주지 않는다면
나이테로 굽어진 등 다시 펼 수 있을까요

세월보다 빠른 바람도 쉬어간다고 하지 않았습니까

당연하지 않은 직진을 곡선인 양 당연한 듯
자신을 혹사하지 마세요

생의 변곡점에서 버저비터를 터트리려면
인생에도 작전타임이 필요합니다

독서는 여행입니다

여행 티켓이 필요하다면 책을 두드리세요

당신의 안목이 아무리 출중하다 한들
내 안에 갇혀 살다 길을 잃었을 때 뉘라서 손잡아 줄까요

태어날 때 가져온 나의 몫도
하냥 퍼 올릴 것 같던 기억의 저장고도
종래엔 낡은 형광등처럼 깜빡일 터

삶 속에서 여유를 찾고
바삐 돌아가는 내 모르는 다른 세상
일상의 덫에 엉키는 아날로그에서 벗어나고 싶다면
배낭 메고 여행을 떠나보세요

타임머신 타고 과거로 미래로
다녀올 수 있는 유일한 방법은 독서입니다

견디는 것이 이기는 겁니다

지금
쉼 없이 폭풍우가 몰아치고
고단한 삶이 바람 잘 날 없다 해도
어차피 그칠 것들에 흔들리지 마세요

먹구름 낀 맵짜한 날보다 맑은 날이 더 많은 것처럼
당신 인생엔 예쁜 구름 리본 달아주는 맑은 날이 더 많습니다

스스로 벗어나야 할 과오가 있다면
실패나 실수를 자책하며 자신을 비난하기보다는
견디기를 작정하세요

스스로 뒤틀린 명치끝의 땟자국을 밀어낼 수 있을 때
진흙 속에 피는 가시연처럼
꼿꼿이 가시를 들고 일어설 수 있습니다

다 자기 하기 나름입니다

누구나 완벽한 사람은 없습니다

다들 부족함 속에서도 묵묵히 걸어가는 것은
살아 숨을 쉬니 살아내야 하기 때문이겠죠

실패를 경험하지 않은 사람은 몇이고
절망을 경험하지 않은 사람은 몇이나 될까요

쉼 없이 달리기만 하다가
본의 아니게 멈추게 되더라도
포기하지는 마세요

지금 흘릴 눈물이 있다는 건
아직 덜 여물어서 익어 가고 있는 겁니다
겨울이 지나야 봄이 오는 것처럼

용서가 답입니다

자신은 열지 않으면서 열어주기만 바라고
자신은 변하지 않으면서 변해주기만 바라지 마세요

갈등 또한 상대적이니
내가 원하는 것이 있다면 먼저 주세요
나의 요구만 길어질수록 관계는 더 뾰족해집니다

세상 살면서 가족이 몇이나 되고
마음 나눈 친구가 몇이나 된다고
고깟 자존심을 팔아 소중함을 포기하려 하지 마세요

모래를 품으면 진주가 되지만
방치하면 날카로운 모서리가 되는 것처럼
용서받고 싶다면 당신이 먼저 용서하세요

누구에게나 길은 있습니다

세상이 불공평하다며 화火로 운명을 짓고
길이 보이지 않는다며 찾기를 거부한다면
과연 삶 속에 열정이 자랄까요?

탓, 탓, 탓만 해서는
좋은 기운도 오기를 거부할 겁니다

누구인들 처음부터 무지갯빛 삶은 아니었을 테지만
그들이 나름 행복을 수확하게 된 것은
계획에 의한 끊임없는 실천으로 비롯된 것입니다

계획 없는 길도
실천 없는 길도 없습니다

무질서한 듯 피어난 꽃밭에서도
벌과 나비가 길을 잃지 않는 것처럼
당신에게도 길은 있습니다

당신은 어머니의 크나큰 자부심입니다

꽃 같은 하세월
분홍 봄옷 입기를 마다하시고
무게로 돌려세운 낮과 밤

어머니는
무엇을 바라 그토록 심지를 녹이고 계실까요?

고단을 앞세우고
궁핍을 핑계 삼아
당신에게 온 가슴을 맡긴
어머니의 환한 행복에 못질하지 마세요

아파도 웃는 척,
힘들어도 매운 삶 들어내지 마세요

누구보다도 당신은
당신 어머니의 크나큰 자부심이니까요

오늘 웃으세요

세상 인정이 아무리
메마르고 각박하다 한들
웃음을 참거나 미뤄서야 하겠습니까

자신을 위해 얼마나 많은
투자를 하고 있는지 모르겠지만
그럴 여유조차 없다면
아니 물질적 정신적 여유가 있다 해도
행복의 척도인 웃음을 간과해선 안 됩니다

심지어 웃음은 아무리 웃어도 공짜이니
이보다 더 좋은 자기 투자가 어디 있을까요

실속있는 당신이라면 시시때때로 하하 호호 웃으세요

어제도 오늘도 웃지 않았다면 실패한 하루
내일은 웃을 거라 다짐해도
오늘이 행복해지지는 않습니다

행복 찾기

행복은 손가락 지문 같아서
똑같을 수는 없습니다

남의 것이 커 보인다며
굳이 나의 것을 작게 만들면서까지
애간장 끓이지 마세요

남의 행복을 좇기보다는
당신에게 걸맞은 행복을 찾고
찾은 그 행복을 품에 안고 기쁨을 주체하지 마세요

나 대신 행복해 줄 사람은 없습니다

희망을 꿈꾸세요

시간은 누구 편이고
누구를 위해 손을 들어 줄까요

과거도 중요했고
지금이 소중한 것도 맞지만
미래가 떨림으로 올 수 있게 해야 합니다

삶의 밭에 우후죽순 돋아있는 돌부리들을 토닥이지 못하고
희망 없다 주저앉는다면
그 삶이 나를 헛되다 비웃기밖에 더하겠습니까

궁상이 최대치인 것처럼
희망을 싹둑싹둑 잘라먹으면서까지
세상사에 찌들지 마세요

감미로운 운명을 위해서라면
꿈꾸는 것만큼 아름다운 희망은 없습니다

행복 마술사

당신은 마술사입니다

화려한 무대와 장비,
손기술이나 고난도의 아이템 없이도

얼굴 근육 몇 개만 움직이면
쉽게 행복을 만들 수 있는 능력자이니까요

입꼬리 못 올리는 사람 있을까요?
눈썹에 풍선을 달아주고
마음 스위치를 꾸-욱 눌러 눈빛을 달달하게 켜보세요

행복은 씨-익
얼굴에서 시작됩니다

오늘 아침 마음과 약속하세요

어떤 감정과 약속을 하느냐에 따라
삶의 질은 달라집니다

물론 변수라는 것도 존재하지만
이미 신발 끈을 매기 전까지
약속을 확실히 해두었다면
투정 따라붙는 비루한 삶에 시달려도
즐거울 수 있겠죠

마음에 빛을 내느냐
마음에 빚을 지느냐는
당신 선택에 따라 달라집니다

오늘 아침 당신은
어떤 감정과 약속하실래요?

자신을 사랑하세요

저 들판에 거저 피는 들꽃이 없는 것처럼
정말 자신을 사랑한다면
물을 주고 햇빛도 담뿍 주셔야 합니다

타고난 운명을 무시하고
내가 나에게 주는 것 없이
무정한 세상이라 탓만 한다면
과연 예쁜 꽃대를 들어 올릴 수 있을까요

애초에 마지못해 필 생각은 버리세요

당신은 태어날 때 가져온 몫만큼
아름답게 피워내야 할 꽃이니까요

핑계 뒤에 위기가 온다

방법을 찾고
도전해야 할 시간에
변명을 이유로 포장하며
여건이나 사람을 탓하지 마라

핑계는 현실 도피를 위한 거짓말일 뿐

자기방어를 합리화하기 위한 수단으로
핑계를 사용한다면
무책임한 그 말과 행동들이
결국 자신을 무너뜨리고 말 것이다

급할수록 멀리 보세요

장애물은 멀리서 볼 때 잘 보입니다

결핍을 채우기 위해
가까운 곳만 보려 들지 마세요
근심 또한 가까워집니다

마음이 급해질수록 시선을 멀리 두고
최대한 깊게 숨을 들이켜 마음도 넓혀 보세요

아주 잠깐 시선의 간격을 넓히고
그로 마음에 공간을 둘 수 있다면
그 짧은 찰나의 시간으로 인해 운명이 바뀔 수도 있습니다

행복은 청결한 곳에 쌓입니다

먼지는 자석 같아서
쌓이는 곳에 더 쌓입니다

마음의 먼지도
쌓이다 보면 화석처럼 굳지요

먼지는 닦고 털어내야 깨끗해지는 것처럼
마음에 쌓아둔 우울이나 미움, 시기, 질투가 있다면
닦아내고 털어내세요

내 안을 행복이 좋아하는
청결한 환경으로 만들어 준다면
뾰족한 감정들은 사라지고
동그란 감정들만 수북수북 쌓이기 시작할 겁니다

마음 열쇠

문고리에 원망을 걸어놓고
스스로 안에서 문을 잠갔다면
아무리 밖에서 연다고 열어질까요

온갖 미움과 불신으로 못을 박아두고는
열어주길 바란다면
과연 열리기나 할까요

담을 쌓은 것도 모자라
결별로 가로막는 것이
꼭 자신만의 문제가 아닐 거란 것도
이해 못 하는 것도 아니지만

용서를 주고받고 싶고
살냄새가 그립다면
먼저 가슴에 박은 대못을 빼고
불통의 자물쇠를 스스로 여세요

당신이 변하지 않으면
누구도 대신 열어줄 수는 없습니다

땡이더이다

어제는 착했을까요
과연 내일은 착해질까요

미움으로 뿌리박고
질투로 꿈적 않으며
시기로 나를 버린다고
이미 꼬깃꼬깃해진 마음은
타닥타닥 타다만 겨울 삭정이만큼도 따숩지 않습니다

두 눈 꼭 감고 오늘 착하게 사세요

내일이 날 기다려준다는 보장
오랜 세월 믿고 살았습니다만

땡이더이다

웃을 일은 매일 있습니다

못 찾거나
안 찾아서 그렇지
웃을 일이 왜 없겠어요

주위에 웃을 일 천지인데
의지가 없는 건 아닌지?

정말 웃음을 못 찾겠으면 거울을 봐요

웃지 않는
당신 얼굴이 웃겨서
웃음이 날 겁니다

피어라 너는 봄이다

따뜻한 것들만 꽃을 피우는 것이 아니다

앙상한 겨울나무들도
제 핏줄 얼리며 혼곤을 시간을 지나야
온몸의 세포를 깨우고

기억을 잃고 바스락거리는 풀잎들도
잎사귀 부서지는 슬픔을 받아들이고서야
푸른 잎맥으로 거듭나지 않더냐

피어라 너는 봄이다

네 가슴에서 진동하는 향기와
누구보다 크게 낼 수 있는 웃음소리로
만년설을 녹이고 겨울을 깨거라

세상의 중심은 나

으쓱으로 마음 빼앗는 풍경들 하도 많아
그 모습 바라다보면
부러울 때가 왜 없겠습니까만
그렇다고 남을 부러워만 하실 건가요

생각의 틀을 깨고
그들이 나를 부러워하게 만드세요

못 찾고 안 찾아서 그렇지
내 뭐 하나쯤 잘하는 게 있지 않을까요

나는 내가 만드는 겁니다
스스로 열정을 잘게 부수지 마세요

자신이 중심이라고 생각할 때
성장은 멈추지 않습니다

행복은 웃음 타고 옵니다

있다고 근심이 없고
없다고 상심이 더할까요?

가난과 부자의 차이는
호주머니의 두께가 아닙니다

물론 불편하긴 하겠지만
있고 없고의 차이는
생각만큼 엄청나지 않기에
모두들 견디며 살아가고 있는 것이겠죠

부족하다는 생각이 들거나
비관적인 마음이 감정을 지배하려 할 때
얼굴에 웃음을 발라보세요

내 안의 감정 패턴에 웃음을 발라
낙관적으로 바꿀 수 있다면
당신은 진정한 부자가 됩니다

자신을 낮추세요

내가 높아 보이면
상대방이 마음을 다 열까요?

내가 동등하거나 아래라 느낄 때
상대방은 마음을 열기 시작합니다

물론 낮춘다는 것이 쉽지 않고
상대방이 나를 업신여길지 모르지만
낮아진다는 것은 결코 허약함은 아닙니다

세상 모든 물이 넓고 깊은
바다로 모이는 것처럼

주위에 사람 냄새 가득하려면
자신을 낮추세요

자신을 낮출수록 강함 힘이 생깁니다

부부는 거울

부부는 항상 서로 마주 보는 거울과 같습니다

내가 웃으면 따라 웃고
내가 찡그리면 같이 찡그리는
배우자의 얼굴이 나의 또 다른 얼굴입니다

행복한 나의 모습을 보려거든
배우자에게 웃는 얼굴, 고운 말로 대하세요

부부는 너무 가까워 촌수로 헤아릴 수도 없고
반면 등 돌리면 완존 남이라 무촌이라 하는데
불협화음이 생기지 않으려면
부부는 평행선같이 동등해야 합니다

살면서 많은 우여곡절을 겪겠지만
어느 한쪽으로만 치우친다면 과연 뿌리가 깊어질까요

늘 서로의 마음을 확인하고 사랑을 심어주려 애써주세요

결국 '부부밖에 없다'라는
그 흔한 말을 실감하게 되는 날 후회하지 마시구요

감사로 시작하세요

바쁜 업무와 때론 눈치와 갈등
그로 생기는 스트레스까지
일상의 터는 꼿꼿이 머리와 가슴을 담아두려 하겠지만
아침에 갈 곳이 있다는 것이
얼마나 감사한 일인가요

할 일이 있고
갈 곳이 있고
허물지 않을 약속 같은 오후 4시가 기다려주고
마쳤을 때 돌아갈 집이 있다면
당신은 행복한 사람입니다

피곤을 담보로
아침의 소중함을 피로로 뭉개지 마세요

감사로 아침을 시작할 때
당신의 소소한 일상은 늘 푸른 웃음을 내줍니다

최선을 다하세요

기나긴 인생 여정 중에서
삶의 한 페이지인 오늘도 최선을 다하세요

물론 최선을 다한다고는 하나
아쉬울 때가 왜 없겠습니까마는
온 힘으로 열정을 다 하고 있다면
한 번쯤은 기회가 오지 않을까요

인생에는 세 번의 기회가 온다고들 하지만
굳이 믿으려 마세요

첫걸음에서 삐걱거린다면 과연 세상이 나를 돌봐줄까요
턱도 없습니다

당연할 거란 생각으로 초침만 갈아먹다 보면
세상은 끝없는 낭떠러지

올곧게 열정을 세우고
노력을 멈추지 마세요

흘린 땀만큼 어느 날 당신은
성공이라는 목표에 도달해 있을 겁니다

행복 화장법

두근거리는 마음으로 세안을 하고
기초화장은 미소로
눈썹엔 웃음을
입술엔 반가운 인사를 바르세요

내가 봐도 내가 반할 탐스러운 꽃이 핍니다

숨 쉬는 당신은 행복한 사람입니다

누구나 완벽한 사람은 없어
남모를 마음에 병 하나쯤은 있을 테지만

볼 수 있고
들을 수 있고
말할 수 있고
걸을 수 있고
서 있을 수 있다면
당신의 하루는 기적입니다

설령 다 가지지 못했더라도
살아있다는 자체가 기적이 아닐까요

근심이나 아픔이 있더라도
그것조차 사랑해 주세요

당신의 숨소리를 믿고
행복을 고민하지 마세요

오늘 당신에게 일어나고 있는 기적은
우연히 찾아온 행운만은 아닙니다

괜찮아

당신은 하루 중에서
자신이 원하지 않는 일과
마주하게 될 때가 있을 겁니다

맑은 하늘 우산 없이 나갔는데 갑자기 비가 내린다거나
잘 두었다고 생각했는데 도통 찾지 못하고
차가 밀려 약속 장소에 늦는다거나
정말 맞닥뜨리고 싶지 않은 사람을 우연히 만난다거나
내 몸의 일부 같은 핸드폰을 두고 오거나 등등
이런 난감한 상황이 되면
은근히 화도 나고
망친 기분 또한 바꾸기 쉽지 않을 텐데

난감한 상황에 직면하거나
어려움과 맞닥뜨리게 되더라도
나에게 '괜찮아'라고 말을 해주세요

어떤 엉뚱한 상황 속에서도 침착해질 수 있고
그렇게 자기 위안이 몸에 밴다면
당신의 그 초긍정은 당신의 인생을 바꿀 것입니다

친구

숨이 턱턱 막히는 인생 여정
뜻한바 어떤 것도 온전하게 이루어 놓은 것 없이
기를 쓰고 우리는 어디로 향해 달려가고 있습니다

얼마나 더 힘든 길을 가야 하는지도
그 끝이 어딘지도 모르는 채
매일매일 험난한 생의 페이지를 써 내려가며
되새김질하는 물음표에 허덕일 때
쉼표를 찍어 줄 말벗이 있다면 외롭진 않겠죠

물론 설운 날
가족들에게 기대 따순 마음의 집을 지을 수도 있겠지만
하나에서 열까지 터놓고 말할 수는 없을 터

나는 너의 빈 술잔을 너는 나의 빈 술잔을
기꺼이 마셔줄 수 있는
가족 같은 친구 한 명쯤 곁에 둔다면
가슴 한복판의 통점도 싸매고 갈 수 있겠죠

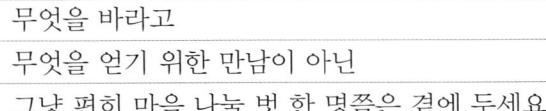

무엇을 바라고
무엇을 얻기 위한 만남이 아닌
그냥 편히 마음 나눌 벗 한 명쯤은 곁에 두세요

⟨
친구는 내가 선택할 수 있는 가족입니다

당신의 선택은

인생을 살면서 하지 말아야 할 것들은 많습니다만
그중에 세 가지만 뽑자면
당신은 무엇을 선택하시겠습니까?

'화내지 말자'
'속이지 말자'
'욕심부리지 말자'

저는 늘 위 세 가지 '말자'를 신발 끈처럼 동여매고
하루를 시작하곤 하는데
당신은 어떤 '말자'와 하루를 동행하시겠습니까?

하루의 문지방을
가볍게 넘느냐, 무겁게 넘느냐는
당신의 신념과 비례합니다

언변 言辯

말도 안 되는 말을 늘어놓는다고 해서
엉뚱한 말로 요리조리 매만진다 해서
불필요한 말을 여기저기 갖다 붙인다 해서
현란한 화술로 누군가를 깜빡 죽게 한다고 해서
과연 말 잘하는 사람이라고 할 수 있을까요

웃음을 자아내는 말,
한 번 들었을 뿐인데 가슴에 새기는 말,
인생을 돌아보게 하는 한마디,
어려울 때 힘이 되는 말은
노력이나 성찰 없이 그냥 나오는 말이 아닙니다

말장난은 속이는 기술에 불과할 뿐
내면을 넓히고 깊게 했을 때야 비로소 말은
고단의 멍을 벗겨주며 아픔까지 덮어줄 수 있는 겁니다

입주머니를 가볍게 열지 마세요

나이테의 자존은
말 가시가 살갗을 찔러도
의롭지 못하면 끝끝내 참아내는 것

〈
말은 그릇의 크기나 깊이만큼 나오는 것입니다

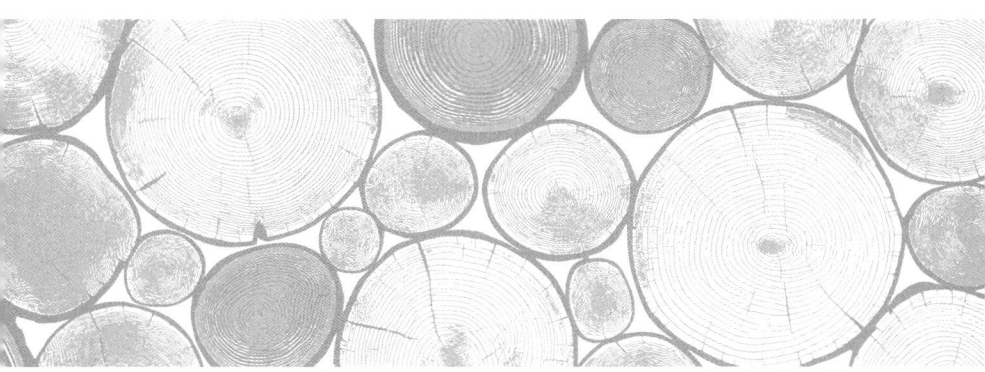

당신의 색은 잘 있나요?

사람들은 제각기 자신만의 색을 지녔습니다

처음에는 모두 아름답게 빛을 내며
무엇과도 잘 어울려 세간의 중심이 되기도 하고
때론 바탕이 되기도 하면서 자신의 색을 지켜나가죠

실수로 번졌을 때도 잘 섞여 티가 안 났고
혹여 실수로 칠을 빼먹어도
빈틈을 누군가 메워주었습니다

하지만 삶과의 충돌이 반복되다 보면
점점 퇴색하기 마련인데
당신의 색은 여전히 잘 섞이고 있나요?

어찌어찌 살아가다 보면
상황에 내몰릴 때도 있고
한계에 부딪힐 때도 있겠지만
안 된다는 좌절 색깔로 먼저 칠하지 말고
될 거라는 희망 색깔로 질끈 칠하면서
자신의 빛깔을 지켜내세요

생각을 포기로 색칠하기 시작한다면

당신에게 도움을 준 고마웠던 누구도
정작 그들이 어려울 때
당신의 따뜻한 색을 가져다 쓸 수 없습니다

나를 사랑하고
나를 사랑해준 사람들을 사랑한다면
손때 묻은 당신의 색에 사랑의 농도를 더하세요

아파야 할 때 아팠던 것뿐입니다

누구나 한 번쯤
죽을 만큼 아팠던 기억이 있지만
그것을 세밀히 간직하고 사는 사람은 없는 것처럼
그만큼 쉽게 잊기도 한다는 것인데

1년, 반년 아니 한 달도 못 되어서
잊게 되는 아픔 때문에
소중한 지금을 허비하지 마세요

아파야 할 때 아팠던 것뿐입니다

당신이 써 내려가는 당신의 인생 소설이
해피 엔딩으로 끝나고
베스트셀러가 되길 원하질 않나요?

지금 무척 아플 수밖에 없는 상황이라면
그 또한 살아있으므로 느끼는 고통이니
슬픔과 화해하고 어둠과 악수하세요

반전 없는 드라마나 소설이 없듯이
눈물 반 섞여 불어오는
겨울의 찬 바람 속에서도

끝끝내 살아남아 피어오르는 홍매화처럼
당신 인생도 꽃피울 날 있을 테니

쇠별꽃

모르면 잡초였을 것들도
이름을 가지면 꽃이 되는 것처럼

너에게도
누군가 불러줄 이름이 있지 않더냐

피어라 너도 꽃이다

나눔의 행복

남을 먼저 배려해 보신 적 있나요?
있었다면
가슴 저 깊은 곳에서부터 뜨거워지는 것을
느껴본 적 있을 겁니다

만약 느껴본 적 없다면
지극히 자기중심적인 사람으로
말로는 감사를 말할지는 모르지만
정작 사랑도 감사도 모르는 사람이겠죠

감사할 일은 너무나 많습니다
주위를 보고 살피며 실천하세요

나눔 하지 않는 사랑은 사랑이 아니고
감사 없는 행복은 행복이 아닙니다

감사의 옷을 입고 나눔을 실천할 때
얼굴에 그려지는 웃음이
진정한 사랑이고 행복입니다

당신의 선택을 믿으세요

설령 현실에 부침이 있더라도
'난, 매일 이 모양이야' 하며 자책하지 마세요
누군가 당신을 부러워하는 사람도 있답니다

잘 못 가고 있는 건 아닌지
잘 못 들어선 건 아닌지
불신하는 마음은 누구나 있을 수 있겠지만
당신의 선택은 애초에 옳았던 만큼
그 첫 마음을 잃어버려서는 안 됩니다

비바람 폭풍우를 견디지 않고
거저 피는 꽃이 있고
거저 맺는 열매가 있던가요

내 삶의 방향이 삐뚤지 않다면
당신의 선택한 첫 마음의 뒷배를 굳게 믿고 정진하세요

노력이 밑바탕에 깔려있다면
가지는 곧 열매로 가득할 겁니다

미루지 마세요

'여보 이것 좀 해주세요'
'나중에 해줄게'

'아빠 이것 좀 고쳐주세요'
'나중에 해줄게'

당신의 귀차니즘은 과연 어떤 대답으로 돌아올까요?

'하나님 제가 많이 아픕니다
제 병을 고쳐주세요'
'나중에 고쳐주마'

'부처님 제가 많이 힘듭니다'
'나 지금 바쁘구나, 나중에'

미루지 마세요
정말 간절할 때 아무리 애원한들
당신도 우선에서 밀립니다

지금을 살아가세요

과거에 아프지 않은 사람은 없습니다

그렇다고 그 과거를
아직 얼굴을 묻고 있다면
과연 그 빳빳해진 마음에서 벗어날 수 있을까요

둘 중에 하나는 선택해야 합니다
도망치던가, 이겨내던가

극복한 사람들은 이렇게 말하더이다
"지금을 살라고"

내 시간을 내가 줍지 못하고
한 묶음의 과거 아픔에만 머문다면
내 시간은 환승 할 역이 없습니다

나를 칭찬해주세요

지금껏 나의 삶이
남들 보기에 부끄럽다고 생각하거나
스스로 이룬 게 없다고 자책하지 마세요

물론 처음 생각과 다른 삶일지라도
그냥 감사하며 받아드리세요

'이것밖에 안 되나?' 하며 허망해하기보다는
여기까지 살아준 나를 칭찬을 해주고

'더 할 수 있었는데' 하며 후회하기보다는
열심을 다해준 나에게 고맙다고 말해주세요

보이는 것이 다는 아닙니다

고단한 삶 속에서
어찌 이룬 게 없겠어요

지금까지 당신은 최선을 다하셨습니다

오늘은 당신 차례입니다

좋은 일이 생기는 것은
누구에게나 일어나는 흔한 일입니다

나와는 상관없는 일이라며
미리 속단하지 마세요
혹시 압니까
오늘 행운의 주인공이 당신 차례일지

항상 긍정으로 무장하세요

행운이나 행복은
부정을 틈타 오지 않습니다

지금이 기회입니다

물론 앞만 보라는 것은 아닙니다
가끔 뒤돌아보는 것도 좋겠지만

돌아보느라 허비한 시간만큼
앞에 열려있는 문이 닫힌다는 사실을
간과해서는 안 됩니다

과거에는 미래로 가는 문이 없습니다
집착하거나 연연해 하지 마세요

부지런히 지금이라는 문을 지나야
미래라는 기회의 문을 열 수 있습니다

오르지 못할 산은 없습니다

인생은 산에 오르는 것과 마찬가지입니다

오르기를 멈추면 정상에 갈 수 없듯이
비탈진 삶 또한 오르지 못한다면
결코, 정상에 설 수 없습니다

산을 오르다 보면 너덜길, 자갈길, 진흙탕 길도 만나고
돌부리나 나무뿌리에도 걸리고
바위 틈새나 험난한 협곡을 지나가기도 하며
가파른 비탈길을 만나 땀범벅에 가쁜 호흡이 턱까지 차올랐을 때
비로소 정상에 도착하게 됩니다

물론 다 올랐다고 안주할 수 없는 것도 인생이라
지고 간 먹을거리들 다 비우고
목을 축일 약간의 물만 가지고 내려가야 하는 것처럼
어느 선에서는 비울 줄도 알아야 하는데
이 글을 읽고 있는 당신은 지금 몇 부 능선을 오르고 계시나요?

어쩌면 인생은 고난 같아서
주저앉고 싶고 포기하고 싶을 때가 많지만

오르지 못할 산이 없듯이
스스로 자포자기만 안는다면
확신하건대 당신도
짜릿한 정상에서 야-호를 맛볼 수 있습니다

당신만 할 수 있습니다

당신의 슬픔에 아무도 관심이 없습니다

이런 말을 들으면 얼마나 섭섭하겠습니까만
어쩔 수 없는 사실입니다

물론 전혀 관심 없는 것은 아니겠지만
모두가 한결같이 바쁜 일상 속에서
함께 고민하고 아파하기란 그리 쉬운 일은 아닙니다

관심받고 싶고, 기대고 싶겠지만
반대 상황이었을 때
당신은 얼마큼 어깨를 내주었나 생각해보세요

혹시 받으려고만 했던 건 아닌지
설령 최선을 다했더라도
내 마음 같지 않다며 섭섭하게 생각하지 마세요

당신의 어떤 슬픔도 속 시원히 해결해 줄 사람은 없습니다

당신의 슬픔은 당신이 극복해야 할 당신의 문제
그 해결사는 바로 당신입니다

노을처럼

삶은 차분하면서도
성실한 화법으로 그려나갈 때
순수하고 아름다운 그림이 완성됩니다

기교나 달변으로 포장한다면
당장은 화려해 보여도
어두운 부분까지 숨길 수는 없겠죠

성실을 이기는 것은 없습니다

있는 그대로의 모습으로
묵묵히 제 할 일을 다할 때
삶은 스스로 빛이 납니다

담쟁이처럼

어떤 자격이 주어지려면
그에 따른 요건을 충족시켰을 때
권한을 부여받을 수 있는 것으로

오늘을 살아갈 수 있는
자격이 주어졌다는 것은
적어도 최소한의 요건을 충족시키고 있다는 방증이니

혹여, 지금 좌표를 잃었더라도
비관이나 좌절 같은 나약함으로
스스로를 허물지 말아라

생의 절정인 지금은
땀과 노력이 동반될 때 비로소 내 것이 되는 것

절벽과 맞닥뜨릴지라도 말없이 딛고 일어서
두려움의 속살을
푸른 잎으로 덮어버리는 담쟁이처럼
영원한 진행형으로 살아라

좀 늦으면 어떻고
조금 더디면 또 어떠랴

＜
실패를 겁내지 말고
어둠을 이겨낸 자만이 빛을 누리는 법
스스로의 가치를 높여
한계를 뛰어넘어라

상생

누군가 당신을
걱정해 주고
이해해 주고
위로해 주며
기억해 주는 사람이 있다면
당신은 행복한 사람입니다

아마도 당신이 누군가를
염려해 주고
달래주었고
사랑해 주며
생각해 주었기 때문이겠죠

세상은 혼자 짊어지고 가기엔
너무나 벅찬 여정旅程입니다

서로를 안아주고 감싸줄 수 있다면
얼마나 가슴 뛰는 인생일까요

네가 내가 되어주고
내가 네가 되어주는
그런 사람이
나이고 당신이었으면 좋겠습니다

당신이 걱정하는 일은 일어나지 않습니다

어떤 일이 벌어지기 전에
걱정부터 하는 사람들이 있습니다

아직 시작조차 안 했으면서
이렇게 시작해서 요렇게 하다가
고렇게 되면 어쩌나
또 저렇게 되면 어쩌지

과연 시작이나 할 수나 있을까요?

미리 짐작하고 미리 걱정하는 버릇은
기회조차 주질 않습니다

자신의 능력을 과소평가하지 마세요
자신을 믿는 순간 능력은 무한대가 됩니다

아프니까 인생입니다

아프니까 인생이 아닐까요?

마음속에 고민이나 서러움 한두 개쯤
없는 사람이 어디 있겠습니까
다만 있어도 없는 척 살아가는 중이겠죠

만약 내가 나의 주인이 아니라면
아파할 일도 고민할 일도 없을 테지만
내가 나의 주인이기에 인내는 당연한 것입니다

어떤 어려움도 '이까짓 거쯤이야' 하며 기꺼이 이겨내고
어떤 슬픔도 운명이라 생각하며 흔쾌히 받아드리세요

내 삶은 고단하다고 해서 거부할 수 있는
남의 삶이 아닌 내가 살아가야 할 삶입니다
견디고 또 견디며 살아보세요

그렇게 우린 아프니까 인생입니다

주머니 속에 꿈을

지금 주머니 속에 무엇이 들어 있을지 하나하나 꺼내 볼까요

어떤 이는 지갑이 들어 있겠고
어떤 이는 핸드폰이 들어 있겠고
어떤 이는 담배와 라이터가
어떤 이는 군것질이 들어 있고
어떤 이는 빈 주머니에 먼지만 있을 텐데
이런 것 말고 또 무엇이 있을까요?

혹시 모를까 싶어 말씀드리는데
주머니 속에 꼭 가지고 다녀야 할 것이 있습니다
바로 '꿈'입니다

꿈도 좋고, 사랑도 좋고, 기도 제목도 좋고
살아있는 이유를 주머니에 꼭 넣고 다니세요

그리고 한쪽 주머니에 무엇이 들어 있던
또 다른 한쪽에는 꿈을 넣어 두고
가끔 꺼내 보기도 하고 만지작거리면서
그 꿈을 키워보세요

〈
　손때 묻은 꿈과 간절한 바람이 공존할 때 희망은 부쩍부쩍 자랍니다

당신의 오늘은 다시 돌아오지 않습니다

정작 옆에 있을 때는 모르고
꼭 떠나간 후에야
아쉬워하고 후회하는 습관에 길들여져
무심코 흘려보내고 있을지도 모를
건강도, 청춘도, 자유도…

지니고 있을 때는 흥청망청 쓰다가
잃고 난 후에 소중함을 알고
다시 찾으려고 쫓아갈 때는 이미
돌이킬 수 없는 상황이 되고 마는
그리고 그때가 행복했었지 하며 느끼는
우리는 모순의 순환 속에서 살아갑니다

이젠 그러지 말아야지 하며
반복적으로 생각하고 말하지만
애써 꿰매고 꿰맨들 또 다른 구멍이 생겨
돌아서면 잊어버리는 건망증도 아니고
또다시 흥청망청 써 버리는 버릇은 여전하니
이를 어찌해야 할까요?

사랑도, 젊음도, 지금도

결국 내 곁을 떠나면 내 것이 아닌 세월의 것이 되고 마는 것을
우리는 쾌락만을 좇고 있지는 않은지

이젠 각성하고
더 늦기 전에 모순의 고리와 결별을 시작하세요

생애 최고로 젊은 당신의 오늘은 절대 다시 돌아오지 않습니다

행복은 마음이 좌우합니다

사람의 마음은 자석 같다는 말
실감 날 때가 있었을 겁니다

마음이 기쁘고 맑은 날은
기쁜 일만 보이고
행복한 일들만 자석처럼 끌어당기고

마음이 언짢고 신경질적인 날은
신경 쓰이는 일만 눈에 띄고
피곤하고 어려운 일만 끌어당깁니다

생각이 마음을 좌우한다는 사실을
우리는 수없이 듣고 경험해왔습니다

오늘도 그런 경험을 또다시 하게 될 텐데
어떤 자석을 내 몸에 지니는 것이 좋을지 판단하셨나요?

판단은 어렵지 않습니다

긍정을 만나고 싶으면 이해를 입고
부정을 만나고 싶다면 삐딱선을 타면 됩니다

〈
무엇으로 내 마음 끌어당길 것이냐에 따라서
기분도 표정도 만나는 사람도 달라지니까요

선물 잘 받고 계신가요

매일 아침 우린 넘치는 선물을 받지만
뭘 받았는지도 모르며
버릇처럼 매일 받다 보니
당연하다는 듯이 경시하는 것은 아닌지 모르겠습니다

잠이 덜 깬 얼굴을 하고
더 잤으면 표정으로
가기 싫은 곳 억지로 끌려가는 일소 마냥
어슬렁어슬렁 생기 없이 걸어가는 사람들의 모습은
전부 다는 아니지만
쉽게 볼 수 있는 아침 출근 거리의 표정들일 겁니다

선물을 받은 사람의 표정을 보면
만족인지 불만족인지 금방 알 수 있듯이
아침 표정에서 당신의 마음을 읽을 수 있을 텐데
하루라는 따끈따끈한 선물을 받은 당신은 어떤 표정일까요?

매일 아침 배달되는 선물을 받고도
우울 모드로 시작한다면 당신의 하루는 쭈-욱 흐림일 테지만

콧노래가 나오고
얼굴에 미소가 흐르고 있다면
당신의 하루는 쭈_욱 행복입니다

마음 숲 가꾸기

현재의 자신에 만족하며 사는 사람이
과연 몇 명이나 될까요?

사람의 욕심은 끝이 없어서 더 갖고 싶고
소유하고 싶은 욕망을 억제하기가 보통 어려운 일이 아닌데

지금 자신에게 처해 있는 상황에
만족할 수 있다면 그것이
우리가 찾던 행복이 아닐까 싶습니다

차고 넘치면 버리게 되지만
모자라면 그만큼 채울 기회가 있다는 것

조금 부족하다 싶을 때마다
'이만하면 됐어'를
마음속에 나무 심듯 심어 보세요

작은 씨앗이 자라 숲을 이루듯
아주 작은 것에도 감사를 느끼며 살 때
마음 숲이 행복 나무로 울창해집니다

반복 효과

매일 보던 것이 안 보이면
궁금해 찾게 되는 것처럼

매일 듣던 말을 듣지 못하면
더 듣고 싶은 것이 사람 마음입니다

'오늘도 무조건 행복하기'라는 말
나에게도, 주위에도 자주 해주세요

행복이라는 뻔한 말이
그냥 흔하고 상투적인 말 같아도
그 뻔한 말로 인해
우리의 하루가 특별해질 수도 있으니까요

마음에도 청소가 필요합니다

어떤 집에 마실 갔을 때
말끔히 정리되어 있다면
머무는 동안에도 아무 부담 없어
다음에도 또 오고 싶지만

집인지 창고인지 어수선한 집이라면
오래 있기가 부담스럽고
다음에 다시 오나 봐라 하는 맘이 듭니다

사람 마음도 똑같아서
어떤 사람의 속은 깔끔하고 깨끗해서
이야기하고 싶고, 기대고 싶어
곁에 두고 싶은 사람이 있지만

어떤 사람의 속은 음흉으로 꽉 찬듯해서
말을 건네기도 어렵고
곁에 있는 것마저 부담스러운
불편한 사람이 있는데

전자가 마음 부자라면
후자는 마음 거지이겠죠

〈
당신은 어느 쪽에 속하고 싶은가요?

비운만큼 채워지는 행복처럼
마음 부자를 원한다면 청소를 시작하세요

인생은 새털처럼 가벼울 때
좋은 운도 따라옵니다

당신도 피카소가 될 수 있습니다

매일 표정을 스케치하며
얼굴에 그림을 그리는 멋쟁이 화가가
당신이라는 사실을 알고 계셨나요?

자신의 얼굴이
도화지라는 사실을 아는 사람이라면
찡그린 얼굴을 그리고 있지는 않을 겁니다

어떤 날은 감정에 울그락불그락 사각 벽돌을 쌓고
또 어떤 날은 엉망진창 얽히고설키고
젠장, 하루도 편할 날이 없겠지만
마음에 먹칠하는 그런 짜증에 포로가 되지 마시고
찡그림은 NO!! 스마일은 YES!! 하세요

웃음 냄새를 감지하면 굴종이라 여기는 화火가
미소 쪽으로 기울기를 거부하는 매일이지만

그럼에도 불구하고
얼굴 도화지에 웃음을 그릴 수 있다면
당신은 당대 최고의 화가입니다

그때그때 하세요

무엇을 도와달라거나 지시했을 때
'지금요'라고 답한다거나
아무리 바쁘고 급해도
'조금 있다가 하겠습니다'
'내일 하면 안 될까요' 하며
미루는 사람들이 있는데

결국, 답답한 사람이 먼저 한다고
시킨 사람이 하는 경우가 있습니다

어때요
상상만 해도 답답하지 않나요?

한두 번 자꾸 미루다 보며 버릇이 됩니다
어차피 해야 할 일이라면 그때그때 하세요

당연히 미뤄온 당신이
뒷감당의 당사자가 될 수도 있습니다

물처럼 정직하게

물처럼 살 수는 없을까요?

아래로만 흘러야 하는 이유를
묻지도 따지지도 거스르지도 않고
자연에 순응하는 물은 피곤하지 않습니다

커다란 바위가 막으면
옆으로 돌고 돌아서 가고
깊은 웅덩이에 빠지면
비를 기다렸다가 고이면 빠져나가는 물처럼
기다릴 줄도 알고 돌아갈 줄도 안다면
세상이 아무리 험한들 다툴 일이 어디 있겠습니까

생각대로 풀리지 않는다고
억지로 꿰어맞추려 하지 말고
잠시 멈춰, 순서대로 하고 있는지
한 번쯤은 돌아볼 일입니다

빨리 가야 한다는 생각과 행동으로 인해
누군가를 밟고 그에게 상처를 준다면
빨리 도착한다 한들 그 의미는 퇴색되고 말겠죠

〈
천천히 이야기하며 걷는 산행이
정상에 올랐을 때 남는 것이 많은 것처럼

순리대로 만들어가는
아름다운 여정 속에 행복이 고입니다

배려하는 습관이 행복을 불러옵니다

오늘부터 마음먹고
뭐든지 먼저 배려하고 용서해 보기로 해요

만나는 사람들에게
먼저 인사하고
먼저 말을 건네보고

화해할 일이 있다면
먼저 다가서고
먼저 미안하다고 말하고

운전 중이나
길게 줄을 설 경우에도
먼저 양보해보면 어떨까요

먼저 가려는 마음은
빨리 가더라도 뒤가 근질근질하겠지만
먼저 보내는 마음은
늦더라도 흐뭇하지 않을까요

새치기보다 양보하는 사람이
잡아 주길 바라기보다 먼저 손 내밀 줄 사람이
지혜롭고 현명한 사람입니다

그때그때 표현하세요

아름다운 것을 보고
'아름답다'고 말로 표현을 하면
마음속이 순백으로 가득 차고

고마운 일을 겪은 후
'고맙습니다'라고 말을 하면
마음속이 단내로 가득 차겠죠

그런 것처럼
비록 삶이 힘겹고 어렵더라도
살아있는 나의 모습이 기쁘고 대견스러워서
'나는 행복하다'라고 말을 하면
마음속이 기쁨으로 가득 찰 겁니다

아름다운 걸 눈에만 저장하지 말고
좋은 것을 머릿속에만 기억하지 말고
말과 행동으로 그때그때 표현해 보세요

감사나 행복은 마주 보며 표현할 때
기쁨이 배가 됩니다

리듬을 타세요

사람들에게는 자신만의 길이 있고
자신만의 향기가 있고 행복이 있습니다

하지만 세상은 짓궂어서 호락호락하지 않고
방해하며 훼방을 놓기 마련인데
거기에 말려들지 않으려면
살면서 터득한 자신만의 리듬을 타야 합니다

천천히 돌아보면
컨디션이 최고조였던 때가 있을 겁니다

찾아내 기억하세요

그때의 템포에 맞춰 생의 리듬을 탄다면
불안이나 낙담 같은 불필요한 것에
자신을 소비하지 않을 것입니다

생의 추억 만들기

생의 마지막은 결국 빈손이라고 하지만
추억만은 가져가지 않을까 싶습니다

훗날 기억을 먹으며 살아야 할 나이가 되면
본인이 저축해 놓았던 추억들을
하나하나 꺼내서 되새김질하게 될 텐데

우리가 여행을 다녀와서
좋은 추억을 쌓았다면 그 기억이
오래오래 미소를 떠올리겠지만
나쁜 추억으로 남았다면
떠올릴 때마다 기분이 엉망이 되는 것처럼

미소보다 분노가 많다거나
웃음보다 눈물이 많아 웃을 기억이 없다면
이 또한 얼마나 슬픈 여정의 끝이고 허망할까요

막살거나 대충 살아서는 안 되는 이유입니다

훗날 환승할 때 손은 비록 빈손이겠지만
얼굴에는 만 가지 웃음으로 또 다른 길 떠나려면
기분 좋은 추억을 많이 만드세요

예측할 수 없는 것이 인생이다

아침 출근길이나
여행을 갈 때나 우린
어느 지점에서 차가 막힐 것이란 걸
어느 정도 예측을 하기에
조금 서두르기도 하고
아니면 조금 늦게 출발하기도 하는데

말 그대로 재수가 좋으면
시원스럽게 뻥-뚫려 빨리 가기도 하지만
예상보다 더 막혀서 꼼짝 못 할 때도 있다

이처럼 누구나 예측 없이 출발하는 사람은 없을 것이나
특히 요즘같이 어려울 때는
예측이 더욱 쉽지 않아 망설여지지만
그래도 멈출 수 없어 출발을 선택해야 하는데

가다가 돌아오지만 않는다면
결국 목적지에 도착하는 것처럼
지금 내 삶이 꽉 막혀 있더라도
포기하지만 않는다면 결국 해낼 것이니 걱정일랑 접어라

성공한 사람들 중에

죽을 고생 안 한 사람은 없다

힘든 건 다 마찬가지
나만 힘든 것처럼 조바심내지 마라
빠르냐 늦느냐의 차이지
뚝심만 있다면 인생은 굴러간다

열렬히 사랑할 때처럼

사랑 한 번 안 해본 사람 없을 겁니다

자, 지금부터 눈을 지그시 감고
그때의 감정으로 가보는 겁니다

무엇이든지 다 용서가 되고
무엇이든지 다 받아줄 수 있는 마음에
보고 싶어 잠 못 자며 설레던
그가 아니면 안 될 것 같은 가슴 벅찬 기분
어때요?
느껴지시나요?

살다 보면 삶이 지루하게 느껴지고
초점을 잃고 비틀거릴 때가 있습니다
이유는 반복되는 일상에 매력을 잃어서이겠죠

그렇다고 거기에서 멈춘다면
당신은 남은 평생을 자기 안에 갇혀서
쐬주 한 병 옆에 차고 독수공방하며 살게 될텐데
그러고 싶은 사람 있을까요

마음자리 어디 둘 곳 없을 때

지그시 눈 감고 세상과 사랑해보는 겁니다

열렬히 연애하는 감정으로
사물을 보고 사람을 보고 세상을 바라보세요

마음의 눈이 떠지는 순간
세상은 온통 당신을 사랑하게 될 겁니다

마음에게도 사랑이 필요합니다

조금만 서운해도 깊은 상처를 받는 것이 마음이라서
지친 마음을 위로하려면
가끔 휴식도 필요하고 여행도 필요한데
당신은 마음에게 얼마나 시간 할애를 하시나요?

들썩이는 삶의 잔해들로
자나 깨나 시달리는 바쁜 마음을
혹시, 확 그냥 막 그냥 쓰고만 있는 건 아니신지요

내 나이만큼 조마롭게 외줄 타는
마음에게도 사랑이 필요합니다
틈만 나면 사랑한다, 고맙다고 말하고 표현하세요

어려서 걸어둔 생이란 팻말에 목숨걸고 살아온 마음은
다리도 아플 겁니다
무릎도 아플 테고요

위로해 주세요

괜찮다 괜찮다
마음에게 사랑을 말하며 위로를 내어 줄줄 아는 사람은
고단한 삶의 무늬도 조율할 수 있습니다

마음 샘물

사람의 마음은 샘물 같아서
자꾸 퍼내면 새로운 물이 고이지만
쓰지 않고 그대로 방치하면 썩어 버립니다

사람 마음에는 여러 가지 샘물이 있습니다
울음 샘물을 비롯해서
질투, 거짓, 미움 등 불행의 샘물이 있고
웃음 샘물을 비롯해서
미소, 사랑, 기쁨 등 행복의 샘물이 있습니다

당신은 어떤 샘물을 자주 퍼 올리시나요?

불행의 샘물을 간혹 쓸 수도 있겠지만
최대한 그 사용을 자제하고
행복의 샘물을 자꾸 퍼내서 사랑을 만들며
베풀고 나누는 인생을 살면 어떨까요

찡그려서 삶이 펴지면 다 찡그리게요
못쓰거나 안 써서 그렇지
본디 사람의 마음 샘물은 맑습니다

고여 썩지 않도록
입꼬리로 웃음 자주 퍼 올리세요

딱 1초만 더 생각하세요

살면서 우리는 순간순간 기로에 서서 선택을 해왔습니다

지금 당신의 모습은 수많은 선택으로 인한 결과물이고요

현재의 삶이 행복하든 불행하든
결국 당신 선택에 의한 것이니까
혹시 불행에 가깝더라도 너무 마음 아파하지 마시고

그 불행을 피하기 위해서라도
오늘도 매 순간 선택을 할 때
서두르지 말고 침착하게 생각하고 행동하세요
그만큼 후회할 일이 줄어들 겁니다

입 떠난 말은 돌아올 수 없습니다
저질러 놓은 실수는 돌이킬 수도 없고요

내일이면 과거가 될 오늘을 실망시키지 않으려면
딱 1초만 더 생각하세요

자기 최면

오늘 아침 당신에게 어떤 주문을 걸었습니까?

혹시 아무 생각 없이
하루를 시작하시는 건 아니죠?

아직 시작을 안 했었다면
이제부터라도 본인에게 맞는 주문을 골라
오늘 이랬으면 좋겠다는 내용을 반복해서 생각하고 말하며
아침에 자기 최면을 걸어보세요

그럴 것 같은 예감이 들 거고
오늘 꼭 그렇게 될 겁니다

생활화 해보세요
자기 최면은 마음을 정화하고 차분하게 만들며
할 수 있다는 자신감을 같게 합니다

꿈은 희망의 끈입니다

우린 시작이란 단어를
늘 생각하며 살아가고 있을지도 모릅니다

시, 분, 초로 나누고
아침, 점심, 저녁으로 나누고
오전, 오후로 나누고
하루로 나누고
한 달씩 나누고
일 년으로 나누면서
우린 순간순간 새로운 다짐을 하곤 합니다

그만큼 각자는 삐뚤어지지 않으려는 마음이
가슴속 깊이 자리 잡고 있고
그 마음으로 희망의 끈을 매고 있겠죠

어때요?
당신도 순간순간 다짐을 하고 꿈을 꿀까요?

아침과 희망이 잘 어울리고
새날과 기쁨이 잘 어울리듯이
새로움을 꿈꾼다면 행복은 따라옵니다

잘 웃는 사람으로 기억되게

부정적인 생각으로 찌푸리기보다는
긍정적인 생각으로 환하고 밝게 웃어서
나를 아는 이들의 마음에
'그 사람 참 잘 웃었어'로
기억나는 사람이 되어보면 어떨까요

이왕에 왔다가는 세상
있었는지 없었는지도 모르는
'그런 사람이 있었나' 하며 스쳐 가는 사람이 아닌
안 보이면 궁금해지는
'참 잘 웃던 그 사람은 잘 있나' 하며
기억나는 사람이면 얼마나 가슴 뿌듯한 삶일까요

어차피 행복은 스스로 채워가야 하는 것
힘들고 어려울수록 어둠을 지우고
작은 미소라도 발라 화장을 시작하세요

나무가 모여 숲을 이루듯
미소가 모여 웃음이 되고
그 웃음이 쌓여 마음까지 하회탈이 됩니다

그런 사람 당신이면 좋겠습니다

누군가 당신 곁에 오면
괜히 싫은 사람이 있을 겁니다
그 사람이 나에게 크게 잘못 한 일도 없고
준 것도 없고 받은 것도 없는데
그냥 불편한 사람…

반대로 괜히 좋은 사람이 있을 겁니다
말 한마디 섞은 적도 없지만
외모에서부터 풍기는 맛이 다르고
곁에만 있어도 마음에 위안이 되는
그냥 편안한 사람…

당신은 어느 쪽에 속하시나요?

누군가에게 위로가 되고 너름새가 된다면
그보다 은혜롭고 감사할 일이 어디 있겠습니까

반대로 누군가에게 짐이 되고 가시가 된다면
그보다 비참한 처지가 어디 있겠습니까

행복은 곁에 있는 사람들이
나로 인해 만족해할 때 느끼는 기쁨이 최고의 행복입니다

〈
어떤 자리, 어떤 만남에서도
오래오래 여운이 남고 향기가 남아
또 보고 싶고, 또 생각 나는
그 자리에 없어서는 안 되는
필요한 사람이 당신이면 좋겠습니다

스스로 외로움을 캐내지 마세요

절망을 딛고 다시 일어서려 발버둥 칠 때
결코 쉽지 않다는 건 알았지만
내 편일 거라 믿었던 세상에서
더 힘들었던 이유는 외로움이 아니었나 싶습니다

'과연 할 수 있을까' 하며 비아냥거리는 사람들의 표정과
'뭘 할 건데' 하며 바라보는 조소嘲笑 섞인 시선이 무서워서
멀리 숨어버리고 싶을 때도 가장 큰 나의 적은 외로움이었습니다

어쩌면 좌절하려 했던 순간
'아직도 시간은 있어 힘내'
'이렇게 주저앉으면 너답지 않아' 하며
내 편이 되어준 한 사람이 있었습니다

그때 그 짧은 몇 마디의 위로가
세상이 날 버리지 않았다는 걸 알게 했고
결코 외롭지 않았다는 걸 알게 해주었지요

외롭다는 말은 사치에 불과했고
동정을 바랐던 마음이 더 큰 고통이었던 걸 그제야 알았고
사람들은 무심한 듯 보여도 무심하지 않아

삐뚜로 걷지 않고 똑바로만 걷는다면
누군가 손을 내밀어 준다는 사실 또한 알게 되었습니다

지금 조금이라도 남은 기운이 있다면
설령 마음에 여유가 없더라도
삶의 불씨를 혼자 다 쓰려 하기보다는
어려움을 겪는 이가 있다면
"힘내"라고 곁을 주며 관심을 가져주세요

당신의 관심과 위로는 당신이 어려울 때 부메랑이 되어
꼭 돌아올 겁니다

웃다 보면 웃을 일이 생깁니다

 마음 우물에 고여있는 웃음이 아무리 많으면 뭐 하겠습니까
 안 쓰면 썩어 화火 되고 미움이 되는 걸
 자주 쓰면서 퍼내고 또 퍼내야
 해 맑은 웃음이 나오지 않을까요?

 마음과 몸을 유지하고 치유하는데 웃음만 한 보약은 없습니다
 거기다 가격까지 공짜에 무한리필도 가능하니 금상첨화 아니겠어요

 자, 이제부터 웃음을 과소비해 보세요
 사실 웃을 일이 뭐 있겠나 하는 세상이지만
 웃다 보면 웃을 일도 생깁니다

 잃어버린 웃음을 찾아 건강도 누리세요
 거울 한 번 웃기면 수명이 한 시간 연장됩니다

넘어지지 않으려면 움직이세요

균형 잡기 위해 가만히 서 있는다고
움직이지 않고 잘 버틸 수 있을까요?

오히려 멈추지 않고 움직인다면
균형을 잡기가 좀 더 수월해지지 않을까요?

생각도 마찬가지입니다
지금 나의 처지에 그냥 멈춰 있다면 또 언제 넘어질지 모르는 것처럼
넘어지는 게 두려워 멈춰 있다면 추락하기 딱 좋은 조건이 되겠죠

만약 지금 절벽과 맞닥뜨리고 있다 해서 좌절만 해서는 안 됩니다
끊임없는 준비와 노력이 있을 때야 그 절벽을 오를 수 있겠죠

그렇다고 현재 잘나가고 있다 해서 멈춰 서도 안 됩니다
준비와 노력이 없다면 자연 도태되고 맙니다

거저 얻어지는 것은 없습니다
평생 동냥을 꿈꾸는 사람이 아닌 이상

걷고 뛰며 쉬지 말고 생각해야 합니다

페달을 계속 밟고 움직여야
자전거가 넘어지지 않고 잘 가듯이
우리의 생각과 행동도 멈춰서는 안 됩니다

견디지 못할 시련은 없습니다

최악의 상황을 얼마나 겪어 보셨나요?

살면서 힘들고 어려울 때마다
최악의 상황이라고 생각했지만
그도 잠시 어느새 잊힌 과거가 됩니다

반복되는 많은 시련들을 잊을 수 있던 것은
이겨내고 견뎌내면서 단련된 마음일 테고
이제는 웬만한 일에는 끄떡도 하지 않을 만큼 강해졌을 당신은
최악을 최상으로 바꿀 만큼
강인한 존재이고 힘 있는 실체가 되었을 겁니다

그런데 또다시 최악이 찾아왔다면
아직 남아 있는 게 있나 보다 생각하고
'왔는가? 내 견뎌볼 테니까' 하며
두려움을 돌려세워 보세요
한결 부담이 덜 하지 않을까 싶은데

견디지 못할 시련은 없습니다
단지 스스로 약해지기 때문에 힘이 드는 겁니다

〈
최악은 최상으로 가는 지름길
피하려 하지 말고 부딪치며 즐기세요
최악을 겪지 않고 최상이 될 수는 없습니다

시간 요리사가 되어 보세요

있는 사람이든 없는 사람이든
잘난 사람이든 못난 사람이든
누구에게나 시간은 똑같이 주어집니다

하지만 어떤 사람은 하루가 짧다 하고
어떤 사람은 하루가 지루하다고 합니다

아마도 시간을 아껴 쓰는 부지런한 사람과
언제나 부르면 올 것처럼 시간을 흥청망청 쓰는
게으른 사람이 느끼는 차이 때문이겠죠

또 어떤 사람은 '가는 시간이 아깝다' 하고
어떤 사람은 '내일 하지 뭐' 하면서
시간을 내팽개치는 경우가 있는데
여기서 그 사람들의 인생이 그려지겠죠

물론 부지런하다고 다 물질적인 여유가 있고
게으르다고 여유가 없는 것은 아니겠지만
삶의 질에서 많은 차이가 나지 않을까요

생의 손맛을 느끼고 싶다면
시간을 잘 요리해 보세요

어떻게 볶고 어떻게 무쳐내느냐에 따라
맛과 향이 다르지 않을까 싶은데

시간은 넉넉합니다
조물조물 오늘을 만들어 보세요
찰지고 맛깔난 내일을 한 상 받게 되실 겁니다

행복은 내가 낮아질수록 깊어집니다

생활 속에서 마음 상하게 하는 일은
어찌 보면 별것도 아닌 일 때문에 생깁니다

상대방이 뭘 좋아하고 뭘 싫어하는지 뻔히 알면서도
조금만 신경 써주면 되는 것을
고집이라 해야 하나 버릇이라 해야 하나
아무것도 아닌 일로 얼굴 붉히는 일이 생기면
진종일 마음이 푹 가라앉아 속상하죠

그럴 땐 묵직해진 마음 억지로 참지 마시고
다시 말을 건네세요
상대방이 하는 말을 귀담아 들어 준다든지
꼭 내가 잘못하지 않았더라도 실수를 인정하며
쪼르륵 다가서 보는 것으로도
온종일 받았을 스트레스를 해소할 수 있는 방법이 아닐까
생각합니다

알고 보면 사소한 일들이
우릴 괴롭히기도 하고
즐겁게 하기도 위로하기도 하는데

내가 애정하는 사람보다 낮은들 어떠하고

상대방을 높인들 어떻습니까
손해 본다 생각하며 사세요
행복은 내가 낮아질수록 깊어집니다

나와 뜨거운 연애를 하세요

자기 자신을 얼마나 사랑하고 계십니까?

남들에게 주는 사랑만큼
자신에게 사랑을 주고 계실까요?

물론 베풀 수 있는 사랑이 있다는 건 좋은 일이고
그럴 만큼 마음에 여유가 있다는 것이겠지만
나에게 주는 사랑 또한 게을리하면 안 됩니다

사랑하는 사람에게 주었던 정성과 열정을
자신에게도 마구마구 줘보세요

아침에 일어나면 제일 먼저 자신에게
살아있어 줘서 감사하다고 인사를 해주고
일상의 순간순간 사랑한다고 속삭여주면서
나와 연애를 해보는 겁니다

자신이 좋아하는 걸 제일 잘 아는
자신과의 연애 감정이 살아나면
콩닥콩닥, 두근두근
나에게도 자주 전화하고 싶을 만큼
메마른 감정에 보슴이 생기지 않을까요

〈
나와의 뜨거운 연애를 시작하세요
나를 사랑하지 않는 베풂은 허구일 뿐입니다

상대방의 말에 집중하세요

누군가 내가 이야기하는 동안
끝까지 경청 해주고 함께 공감해 주었을 때
당신 기분은 상당히 UP 되고 있었을 겁니다

반대로, 내가 누군가의 이야기를
잘 들어준다면 상대방의 기분은 어떨까요?

함께 공감해 줌으로써 최고의 상태에 이르겠고
또한 위로받고 싶어 하던 사람을 달래줄 수 있는 최상의 방법이겠죠

가끔 이야기 도중에 딴청을 피운다거나
마주해야 할 시선은 딴 데다 두고
영혼이 없는 사람처럼 대화하는 사람 때문에
정말 엉망이 된 기분을 경험해본 적이 있으실 겁니다
얼마나 우스워 보였으면 그랬을까요?

마찬가지로 내가 집중하지 않는다면
상대방은 얼마나 기분이 나쁠까요
자신을 깔본다고 생각을 하겠죠

대화의 예의는 집중입니다

잘 들어주고 생각에 공감해 준다면
상대방은 나에게 신뢰를 줍니다

당신은 꽃입니다

꽃은
비가 내리는 날에도 비를
구름이 해를 가려도 구름을
바람이 허리가 휠만큼 몹시 흔들어대도 그 바람을
탓하지 않는 것처럼

자책에 못 이겨 까무러치거나
불평이나 걱정에 노예가 되어
서둘러 꿈을 접는 따위의 행동은 아예 마세요

화내는 꽃이 있고 우는 꽃이 있던가요?
꽃처럼 웃고 꽃처럼 세상을 바라보세요

부모님께서 애지중지 키울 때부터
홀로서기하고 있는 지금까지도
여전히 당신은 꽃이니까요

땀은 거짓말을 하지 않습니다

잘 될 거라는 자신감과
잘 안되면 어쩌지 하는 걱정
이 두 가지 생각을 가지고
우리는 새로움에 도전할지도 모릅니다

그렇게 시작해
어떤 이는 성공을 하고
어떤 이는 쓴맛을 보겠지만
영원한 성공이 있고
영원한 실패가 있을까요

지금 잘 된다고 최선을 잃는다면
결과는 너덜너덜 뻔하고
지금은 안 돼도 노력을 멈추지 않는다면
땀은 반드시 흘린 만큼 대가를 지불합니다

잘 돼도 걱정! 안 돼도 걱정!
긍정과 부정이 공존할 수밖에 현실에서
도취와 이기심은 내려놓고
패배감 따위에는 끌려가지 말아야 합니다

어떤 상황에서도

최선의 끈을 놓지 마세요
노력을 배신할 희망은 없습니다

얼굴 내비게이션

인생에는 내비게이션이 없어서
결국 물어물어 찾아가야 하는 내 몫이고 내 운명인 걸
이왕이면 즐기면서 가면 어떨는지요

만약 당신에게 길을 묻는 사람이
퉁명스러운 표정으로 묻는다면 알려주고 싶을까요?

기왕이면 웃으며 길을 물을 때
자상히 알려주려 노력하지 않을까 싶은데
당신이라면 어떤 표정으로 길을 물으시겠습니까?

교차로 없는 인생도 없고
샛길이나 막다른 골목이 지뢰밭처럼 존재하는 게 인생입니다

얼굴에 웃음을 켜세요
가다가 길을 잃었을 때
누군가 손 잡아 주게끔 만들 수 있는 것이
바로 당신 얼굴 내비게이션입니다

인생길이 비록 어렵고 힘들더라도
그럴수록 편안한 마음으로 가려고 노력해 보세요
그래야 자연스러운 웃음이 얼굴의 바탕색이 됩니다

1초의 기적

삐딱한 시선과
퉁명스러운 눈빛

관심 없는 무표정과
뻣뻣한 목에 귀찮은 얼굴

나 몰라라 하는 태만과
나만 아니면 된다고 하는 마음

순간순간 이런 행동으로 인해
누군가에게 박탈감을 주고 있지는 않은지
돌아봐야 합니다

내가 싫은 것은 남도 싫지 않을까요?

표정 하나도 언행 하나도
단 1초만 더 생각하고 행동해보세요

부드럽고 상냥해진 당신으로 인해
세상은 둥글둥글 다가옵니다

오늘이 답입니다

어제 웃음바다에 빠졌다고 해서
어제 흥분으로 오늘을 살아서는 안 되고

어제를 어떻게 지지고 볶고 살았든
어제의 일로 오늘을 망쳐서도 안 됩니다

어제의 기쁨은 어제에 가라앉히고
어제의 슬픔은 어제에 묻어버리고
오늘에 충실하고
오늘을 견디세요

물론 밑바탕에 뭐라도 있어야
간혹 의지하기도 한다지만
당장 눈앞에 닥친 오늘 일을 어제가 대신할 수는 없는 것처럼

어제가 오늘이 될 수는 없습니다
오늘에 성실하고
오늘에 최선을 쏟으세요

당신이 소망한 꿈의 문을 열어줄 행복 열쇠는 바로 오늘입니다

마음 볼륨

어려움과 마주쳤다거나
실타래가 엉키듯 꼬이기만 할 때
마음을 다스리는 노력을 해보세요

쉬운 일은 아니지만 안 좋은 상황일수록
'그럴 수도 있겠구나'라고 생각하며
마음을 조율할 수 있다면
불안한 마음도 태연해지지 않을까요?

자신의 마음은 자신이 누구보다 잘 알 듯
긴장되고 초조할 때마다
마음의 볼륨을 '나 지금 행복할래'로 돌려 강약을 조절해보세요

행복하기로 마음먹는 순간
얼굴 근육이 웃음 쪽으로 손가락 걸고 있을 겁니다

입장 바꿔 생각해보세

남들 때문에 아파한 적이 있을 겁니다

아마도 본인의 입장에서만 생각 했기 때문에 생긴
배려 없는 행동 때문이겠죠

관계와 관계의 사이에서 불편함을 줄이려면
이제 내가 옳다는 생각은 줄이고
남을 이해하는 마음으로 채워볼까요

상대방이 당신을 존중해 주길 원한다면
먼저 그 사람의 입장에서 바라보고
그 사람의 입장을 먼저 이해하려고 해보세요

타인의 행복에서 나의 행복을 느끼게 됩니다

아직 오지 않은 것들에 마음 빼앗기지 마세요

어제 당신이 머리를 싸매고 했던 고민이
걱정만큼 무시무시하게 폭풍처럼 휩쓸고 지나갔던가요?

물론 정통으로 한 방 맞은 사람도 있겠지만
아마 생각만큼 오지 않았을 일들이 더 많았을 테고
왔다가 갔다 한들 미풍 정도에 불과했을 테죠

지난날 삶 속에서 경험해보아 알겠지만
걱정했던 만큼 걱정은 벌어지지 않고
어떻게든 해결되는 경우가 많지 않았나 싶고
별일 없이 지나가는 경우가 더 많았었던 거 같았는데
혹시 동의하시나요?

내일모레 비가 온다는 일기예보에
주중에 바람이 불 거라는 예보에
벌써 걱정하는 그런 성격은 아니시겠죠?

아직 오지 않은 것들에 마음 빼앗기지 마세요
걱정은 걱정에 또 걱정을 만들며
불안해하면 할수록 오지 않을 것들까지 겹쳐오게 합니다

당신은 오늘 어떤 선택을 하시겠습니까?

'넌 조건이 좋으니까'
'난 조건이 너무 안 좋아'
이런 말 혹시 해본 적 있으신가요?

하루라는 시간을 쪼개고 쪼개서 최선을 다하는 사람들은
모두가 조건이 좋아서 그렇게 살까요?
아니죠, 그들은 나름 가치 있는 삶을 살기 위해 열심히
노력하는 것입니다

반면 부족하다며 노력은 커녕 자책하고 비관만 하면서
살아가는 사람은
그런다고 조건이 좋아질까요?
아니 아니죠, 그들은 절대 벗어날 수 없을 겁니다
기회는 노력을 배신하지 않으니까요

정독이 끝난 뒤면 몰라도
책을 읽다 말고 앞장으로 다시 돌아가서
다시 읽기 시작하는 사람이 있을까요?

삶도 마찬가지
어떤 상황에서든 어제를 살고 싶다고 어제로 돌아갈 수
없을 것을

과거에 나는 이랬고 저랬어 하며
아직도 과거에서 못 벗어난 채 오늘을 버거워하는 사람들이 있습니다
그런다고 달라지는 건 없을 텐데 말입니다

과거는 과거에 묻어두고 지금을 살아가세요

누구나 똑같이 주어지는 하루
이제 어떻게 살 것이냐는 당신의 몫입니다

당신은 오늘 어떤 선택을 하시겠습니까?

1초의 기적·2

1초면 할 수 있는 말들은 많습니다

감사해요, 죄송해요, 힘내세요

짧은 말들이지만
그 안에 담긴 뜻은 어마어마한
감사와 위로와 용서 그리고 따뜻함들이 담겨 있죠

그러나 우리는 이런 좋은 말들을
기억하고 있으면서 표현에는 인색한지 모르겠습니다

이젠 숨기거나 감추거나 머뭇거리지 마세요

고마워요, 미안해요, 사랑해요

1초도 안 걸리는 짧은 말 한마디가
당신의 인생은 물론
상대방의 인생을 통째로 바꿀 수도 있습니다

사람 냄새

우린 첫인상에서 그 사람의 냄새를
어느 정도 결정합니다

인품이 좌르르 흐르는 미소와
듣기에도 거북하지 않은 따뜻한 언어들
조급하지 않고 느긋한 성격,
그리고 긍정적인 마인드…
이는 누구나 꿈꾸는 로망일 텐데

당신이 풍기는 첫인상이 이 정도라면
누구에게든 행복을 줄 수 있는 사람이겠죠

만나면 기분이 좋아지는 사람
만나면 기분을 우울하게 만드는 사람

만날 때 시간이 짧게 느껴지는 사람
만날 때 시간이 길게 느껴지는 사람

당신은 어떤 냄새를 지녔을까요?

한 번 사는 인생 이왕이면
GOOD남, GOOD녀가 어떨는지요

〈
색깔만 이쁘다고
벌과 나비가 날아오지 않습니다
향기가 아름다울 때
벌 나비는 물론 바람도 쉬어갑니다

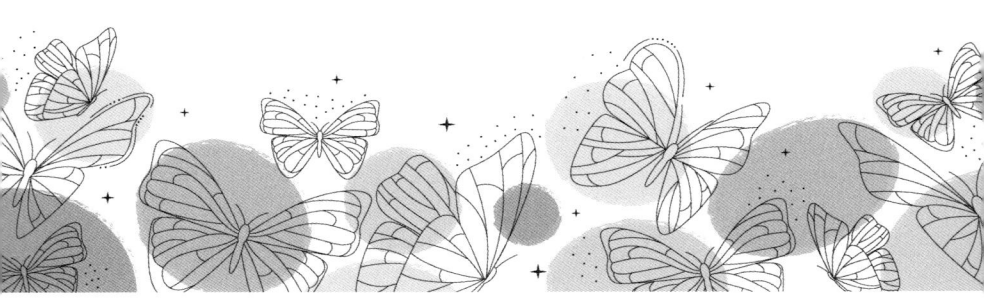

푸른 신호등

지금 당신 앞에 신호등은
어떤 색의 불이 켜져 있나요?

녹색불이면 아주 잘 가고 있는 거고
노란불이 깜빡이면 주변을 돌아볼 일이며
만약에 지금 빨간 불이라면
와신상담臥薪嘗膽 준비를 해야 합니다

행여,
지금 빨간 불에 멈췄다고 자책하며
노력하고 준비하지 않는다면
당신은 과연 목적지에 갈 수 있을까요?

우리가 신호등 앞에서 기다리는 건
신호가 바뀔 거라는 걸 알기 때문인 것처럼
분명 기회는 옵니다

계획하고 준비하고 노력하세요
신호등은 지긋이 기다리는 자에게 직진을 허용합니다

가슴 뜨거운 행복

누군가 당신으로 인해 행복을 떠올리고
누군가 당신을 통해 희망을 떠올린다면
당신은 세상을 참 잘 살아온 사람입니다

성공한 사람들이 많지만
진정한 성공을 이룬 사람은 얼마나 될까요

물질적으로는 성공했더라도
주위에 진실한 사람이 없고 지금 이 순간 외롭다고 느껴진다면
과연 성공했다고 평가할 수 있을까요

사람들이 존경과 사랑의 마음이 아닌
옆에 있으니까 그저 버릇처럼 당신을 바라보는 것이라면
그건 혼자만의 쓸쓸한 패배이겠죠

누군가의 가슴을 설레게 하고
누군가의 입술에 자주 떠오르는 이름이라면
그게 바로 함께한 성공이 아닐까요

주머니가 뜨거운 사람이 아닌
심장이 뜨거운 사람이 되세요
진정한 행복은 가슴으로 옵니다

칭찬하기를 참지 마세요

집에서 든, 직장에서 든, 어떤 만남에서든
듣고 싶은 말이 있을 겁니다

아마도 당신이 듣고 싶어 하는 말을
상대방들도 듣고 싶어 하겠죠

그렇게 사람은 참 단순한 존재인데
알면서도 그걸 말하기가 어려운 건지
어찌 참고 사는지 모르겠습니다

이젠 표현을 해보면 어떨까요?

좋으면 좋다
잘했으면 칭찬하고
실수했더라도 수고했다고 박수 쳐주며
용서할 줄도 아는 우리가 된다면
모두가 즐거운 일상이 되지 않을까요

칭찬하기를 참지 마세요
당신의 진실한 격려 한 마디가
따뜻한 사랑이 되고 커다란 용기가 됩니다

꿈 없는 아침은 희망도 없습니다

당신에게 주어진 오늘이라는 선물
어떻게 쓰시기로 마음먹었나요?

한 번 쓰고 나면 돌아오지 않는
시계 초침은 지금도 계속 돌아가고

'십 년만 젊었어도' 하며
우리가 그토록 후회했던 그 시간이
지금도 멈추지 않고 가고 있는데

당신은 지금
무엇을 꿈꾸며
무엇을 바라며
무엇을 위해 살고 있나요?

혹시 멈춘 건 아니죠?

스스로에게 갇혀서 눈 감지 말고
가슴을 크게 뜨고 세상을 보세요
꿈 없는 아침은 희망도 없습니다

당신이 언젠가 그토록 원할지도 모를

가장 젊은 날 오늘을
아름답게 설계하시고 실천하세요

가까울수록 더 아껴주세요

마음의 상처는 어디서 올 때
가장 아프게 느껴질까요?

철석같이 믿었던 사람,
정이란 정은 모두 주었던 사람,
아주 친하다고 생각했던 사람에게서 만나 보았을 배신감에
마음에 깊은 상처 하나쯤 있었을 텐데 어떻던가요?

그렇다면
나는 누군가에게 아픔을 주고 있진 않은지
친하다는 이유로 막 대하고 있진 않았는지
내가 필요할 때 가장 먼저 달려올 사람인데
그 사람을 아프게 하고 있진 않은지
돌아볼 일입니다

남은 용서가 안 되고
나는 용서가 된다는 생각이 화를 부릅니다

배려하고 겸손하세요
가까운 사람을 아프지 않게 하면 나도 아프지 않습니다

아름다운 입술을 위하여

말 한마디에 행복해지기도 하지만
돌이킬 수 없는 상처를 내기도 해서
말은 잘하면 약이 되지만
잘 못 하면 독이 되어 치명상을 입히게 됩니다

말을 함부로 하는 사람들에게
왜 말을 나오는 데로 하느냐고 물으면
'별생각 없이 말하는 건데' 라고 말합니다

그렇게 별생각 없이 하는 말에
누군가의 마음에는 상처가 남는데 말입니다

그리고 그런 사람들의 공통점은
누가 자기 말하는 것은 정말 싫어합니다

뭔가 앞뒤가 맞지 않죠?

듣고 싶은 말이 있고
듣기 싫은 말이 있습니다

좋은 말만 하고 살아도 짧은 인생
하지 말라고 몇 번을 이야기해도

계속해대는 그놈의 심보는 뭔지?

당신이 생각 없이 뱉은 말의 칼끝이
결국 당신의 마음을 향하고 있다는 사실을
결코 간과해서는 안 되기에
이젠 말도 맛있게 하는 연습이 필요합니다

말하는 사람이나 듣는 사람
모두에게 감동을 줄 수 있는
아름다운 입술을 만들어가면 어떨까요

당신이 듣기 싫은 말은 남들도 듣기 싫어합니다
말을 할 때는 상대방의 입장이 되어보세요

오늘 아침 당신의 선택은

'덕분에' 행복합니다 하며
감사로 하루를 즐기시겠습니까?

'때문에' 이렇게 됐어 하며
원망으로 하루를 찡그리시겠습니까?

선물 같은 아침,
올바른 마음 선택이
하루치의 행복을 좌우합니다

오늘 아침 당신은 어떤 선택하실 건가요?

1분이면 충분합니다

외출을 준비할 때마다 분주합니다

이 옷이 좋을까 저 옷이 좋을까 고르고
머리 모양도 신경 쓰고
구두는 뭘 신지 고민도 해보고
특히 여성분들은 집 나설 시간이 다 되도록
끝내지 못한 화장을 간신히 마무리하고
이리저리 거울 한번 보고 외출을 합니다

이렇게 우리는 외모를 치장하기에 바쁘지만
정작 마음을 치장하는 사람은 얼마나 될까요

마음의 치장을 소홀히 했는데
지금 막 이것저것 찍어 바른다고
눈동자에서 빛이 날까요

매일 아침, 점심, 저녁때
딱 1분씩 거울을 웃겨보세요

그리고 외출할 때
딱 1분만 거울을 웃겨보는 겁니다

〈
몸치장하는데 시간이 30분 이상 소요된다면
마음 치장하는 데는 1분이면 충분합니다

거울 속의 내 웃음이 어색하지 않다면
당신의 눈동자는 맑음입니다

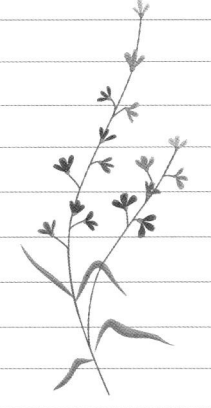

내가 행복해지는 이유

아무리 행복하다고 독백한다 한들
행복은 입 떠나면 그만이었고

아무리 행복을 가두고 싶다고
행복은 마음속에 머물지 않았습니다

어쩌면 그렇게 매일 나만 행복해지겠다고
헛발질하고 있었는지도 모릅니다

그러는 통에 옆 사람은 어찌 되거나 말거나
나만 보면 살아왔는지도 모르겠는데

우린 경험으로 봤을 때
내 옆 사람들이 행복해할 때
내가 더 행복했던 기억이 누구나 있었을 겁니다

제 말에 공감하시나요?

그래요

내가 사랑하는 사람들이 행복해할 때가
내가 가장 행복해지는 이유였습니다

행복은 받기보다 주려고 할 때 빛이 납니다

나의 순박한 미소와
나의 진실한 마음 씀씀이로

나의 꾸밈없는 친절과
나의 아낌없는 베풂으로

누군가 기운을 얻고
용기를 낼 수만 있다면
얼마나 행복한 일이겠습니까

위로를 주기 위해 내가 한 말에
나 자신도 감명받은 받을 때가 있는데

그로 함께 고민했던 작은 일들이
무리 없이 잘 해결되어
누구에게 힘이 되고
또다시 살아가는 계기가 될 수만 있다면
얼마나 감사한 일이겠습니까

누군가 나로 인해 기뻐하게 하세요
누군가 나로 인해 행복하게 만드세요

〈
그 기쁨과 그 행복은 나에게로 이어져
가치 있는 세상이 되고
의미 있는 세상이 되어
행복이란 선물은 자연스럽게 따라옵니다

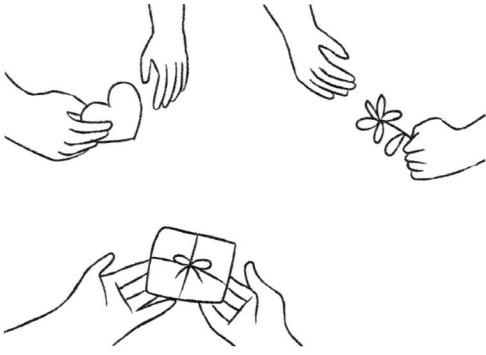

채워가는 행복

너무 완벽하려고 하지 마세요
조금은 부족한 듯해야
이만하길 다행이야 만족할 줄도 알고
감사할 줄도 알게 되며

뭔가 부족한 듯할 때
채우고자 하는 욕망도 생기고
멈추지 않는 계기가 되지 않을까요

완벽해지려 바둥대다가
주위를 잃는 사람도
실수도 저지르는 사람들도 많이 목격했을 테고
직접 체험해 보았을 수도 있었을 겁니다

좀 부족하면 어때요
조금씩 채워갈 때
그때마다 당신을 웃게 만들지 않던가요

너무 완벽해지려고만 하지 마세요

완벽에 가까워질수록
진정한 나다움을 잃게 됩니다

당신을 위해 짬을 내세요

소중한 당신의 인생을
주로 어디에 투자하고 계시나요?

모두에게 똑같은 시간이 주어지지만
의미 있게 보낼 수도 있고
무의미하게 보낼 수도 있는데
전적으로 당신의 선택에 달려있겠지요

기도하고 사랑하고 여가를 즐기는 사람들
'생활에 여유가 있으니까' 하겠지 생각하신다면
아무것도 할 수 없는 당신이 되어버린 겁니다

어떤 사람들이
시간이 남아서 웃겠습니까?
시간이 남아돌아서 독서를 하겠습니까?

다들 어렵고 바쁜 가운데서 짬을 내는 겁니다

경쟁에 길들여지지 말고
조금이나마 당신을 위해 시간을 투자하세요

약간의 짬이 당신의 인생을 바꿀 수 있습니다

사람 숲

누군가의 그늘이 되려면
변함없이 한결같고
시종일관 동일하고
여전히 똑같은 사람이 되어야 합니다

참 어려운 이야기일 수도 있지만
눈빛이 깨끗하고 마음이 진실하며
조금은 통도 커 늘 그 자리서 받아줄 수 있는
준비된 당신이라면 참 쉬운 이야기일 수도 있습니다

당신도 누군가의 그늘에 머물고 싶을 때가 있는 것처럼
당신이라는 나무 그늘에 머물고 싶어 하는 사람이 있지 않을까요

나무가 되어주세요
그것도 이왕이면 울창한 나무가 되어주세요

서로의 그늘이 되어주는 아름다운 나무숲처럼
당신도 나도 할 수 있습니다

서로에게 그늘이 되어주세요

〈
나무숲보다 더 아름다운
사람 숲을 만들 수 있습니다

스스로를 축복하세요

사람들은 본인이 존경받기를 원합니다

그런데 정작 자신이 자신을
불신하고 저주하는데
남들이 존경해 주고 축복해 줄까요

'자신의 인생을 완성시키기 위해서는
가장 먼저 스스로를 축복하라'
프리드리히 니체의 말입니다

내 생을 사랑하고 아끼는 마음이라면
내가 나를 존경하고 축복해 주세요

자신이 자신을 존경할 줄 알 때
남들도 당신을 존경하며 축복해 줍니다

자신을 믿으세요

우리들 주위에는
많이 아픈 사람들도 있고
너무 힘든 사람들도 있고
정말 슬픈 사람들도 있습니다만

과연 그들에겐 희망이 없을까요?

아니죠
내가 나를 못 이기는 사람은 없기에
그들에게는 희망은 반드시 있습니다

그러나
시도조차 안 하면서
지금 막 죽을 것처럼 힘들다며 괴로워만 하고 있다면
과연 이겨낼 수 있을까요?

자신을 못 믿는 것은 자신을 속이는 것입니다

많이 힘드세요?
포기하지 마세요

많이 아프시다고요?

더더욱 포기해선 안 됩니다

자신을 믿고 끝까지 이겨내세요
자신에 대한 믿음보다 더 좋은 약은 없습니다

장수 비결

우리가 무엇인가를 할 수 있는 시간은
매일매일 줄어들고 있습니다

늘 긍정적이고 부지런히 살아도 모자랄 세월
게으르거나 부정적으로 살지 마세요

모자라고 부족해도 생은 생
뾰족한 생각일랑 어르고 달래가며
괜찮다, 괜찮다 품을 내어 주세요

젊음도 청춘도
적극적인 마음으로 살아갈 때
당신과 동행합니다

행복을 곁에 두는 방법

행복은 누구에게나 동등하게 주어진다는데
자신이 못 찾아내면서
어쩌면 자신이 회피하면서
자기에게만 없는 것처럼 투덜거리기만 하는
혹 그런 사람 당신은 아니겠죠?

조금만 관심을 가져본다면
세상에 날 위한 일이 얼마나 많을까요

내가 사랑해 주면 나를 사랑해 줄 많은 것들
숨, 가족, 친구, 건강, 일, 바람, 하늘, 별, 꽃…
생각만 해도 마음이 흐뭇해지지 않나요

행복은 잡을 수는 없어도
곁에 둘 수는 있는 방법은 있습니다

그 간단한 방법은 '감사'입니다

자신에게 관심을 주세요

우리 몸은 어딘가 아프면 신호를 보냅니다
그때 그냥 넘어가지 않고
잘 치료하고 간호하면 건강을 유지하게 되지요

행복도 마찬가지입니다
손에 잡힐 듯하다가도 끝없이 추락할 때가 있지만
그때 포기하지 않고 잘 견뎌낸다면
더욱 단단해지는 것은 물론 행복도 덤으로 쫓아오겠죠

가끔 빈 집을 보며 느끼셨을 테지만
그냥 방치하면 썩고 부서져
폐허가 되는 것을 알 수 있을 겁니다

사는 게 조금 힘들다고
내 몸도 마음도 그냥 방치한다면 어떻게 될까요?

늘 내 몸과 내 마음에 관심을 주세요
나를 가장 잘 지켜줄 수 있는 건 나 자신입니다

당신은 누군가의 롤모델입니다

남들과 비교하고
남들을 부러워만 하는 사람들이 있습니다

그중에 한 사람이 당신이라면
그럼 당신의 삶은 뭐죠?

하지만 당신이 놓친 게 있습니다
바로 남들이 당신을 부러워한다는 사실입니다
그걸 정작 본인은 모른다는 사실이고요

누군가 당신을 따라 하고 있을 거라고 생각해 본 적 있나요?

당신은 누군가의 롤모델입니다
언행 하나하나도
책임질 수 있어야 하고
생각 하나하나도
긍정적인 시선으로 바라봐야 합니다

어떤 경우에도
자신만 못났다며 막살지 마세요

〈
지금 당신 곁에서 당신을 바라보며
당신을 따라 하는 누군가가 있습니다

말하는 기쁨 듣는 즐거움

'행복합니다'라고 말해보세요
가슴속에 기쁨이 피어오를 겁니다

'아름답습니다'라고 말해보세요
눈과 마음의 창이 활짝 열립니다

'고맙습니다'라고 말해보세요
조금 부족해도 만족하게 됩니다

'감사합니다'라고 말해보세요
마음속이 은혜로 채워집니다

'미안합니다'라고 말해보세요
모든 게 용서가 되고 화해가 됩니다

'사랑합니다'라고 말해보세요
틈만 나면 생각나서 설레고 두근거릴 겁니다

사랑 설명서

나 아닌 누군가를 사랑하는 것만
사랑이 아닙니다

나를 먼저 아끼고 사랑할 때
진정한 사랑도 할 수 있는 거죠

만약 내가 없다고 생각해보세요

나 하나 지키지 못해
허물어져 간다면
과연 누굴 지킬 수 있을까요

사랑은 누군가를 나의 일부로 만들고
나는 그 누군가의 일부가 되는 것

내가 있어야 사랑도 있고
내가 있어야 뭉클함도 생기는 겁니다

첫째도 건강, 둘째도 건강
내가 나를 먼저 아끼고 사랑해주세요

그릇

누구에게는 적으로
또 누구에게는 미운털로
낙인찍혀가며 살아왔고 그렇게 살아가고 있다면
그 나중은 과연 어떤 모습일지 상상해 보세요

그로, 아무도 불러 주는 이가 없고
서서히 기억에서 지워져 가고 있다면
얼마나 끔찍한 생의 마지막이겠습니까

삶이 아무리 푸석하고 팍팍할지라도
먼저 베풀어야 하는 이유입니다

누군가 의지하고 싶어 하는 손을 가졌고
어딘가 나를 필요로 하는 곳이 있다면
진정 행복한 삶이 아닐까요?

우정을 돈으로 살 수 없는 것처럼
마음 없이 얻을 수 없는 것이 사랑입니다

진심으로 말하고
정성으로 행동하세요

〈
입가의 미소나 따뜻한 말 한마디가
사소한 것 같아도 반복으로 쌓이다 보면
당신의 그릇이 됩니다

사는 맛

한 번쯤은 산에 올라가 보셨을 겁니다

턱밑까지 숨이 차오르며
땀 뻘뻘 힘은 들어도
산 정상에 오르면 격한 성취감은 물론
시원한 냉장 바람과 함께
가야 할 길을 만날 수 있는 것처럼

슬픔이나 어려움을 겪고 난 후
눈물겹도록 느끼는 행복한 순간이 있어
사는 맛이 나는 이유가 아닐까요?

누구에게나 쓴맛은 존재합니다
다만 어떻게 지나가느냐는 각자의 몫이겠죠

'이까이꺼' 하며 이겨내세요
'난 할 수 있어' 하며 불끈 주먹을 쥐세요
힘내고 있는 당신이라면 반전은 따라옵니다

지금의 행복을 끌어안으세요

어제는 그랬었는데
내일은 그럴 거야 하며
지금이 가는 줄도 모르고
시간을 허비하며 지나간 그때와
오지 않은 다음의 행복에만 눈독을 들인다면
현실의 행복은 언제 느끼죠?

생각이 예전에만 갇혀 있다면
당신은 과거형이고
생각이 이상에만 갇혀 있다면
당신은 미래형입니다

아쉽게도 현재형이 아니어서
이상과 전설만 먹고사는
게으른 은둔형이라는 것이죠

물론 과거도 중요하고
미래도 잘 준비해야겠지만
오늘이 없다면
어제는 사라지고 내일도 없다는 사실입니다

행복해지고 싶다면

순간순간 최선을 다해 최상의 만족을 누리세요

지금의 내가 빛이 나고 행복해야
어제가 아름답고 내일을 기대할 수 있는 겁니다

적극적으로 표현하세요

누군가에게 듣고 싶은 말이 있습니다

그런 말들은 타인도 듣고 싶은 말이겠죠

하지만 듣기는 좋아하면서
좋은 말을 하는 것은 인색해서
입을 꼭 닫고 사는 경우가 많은데
귀를 열고 있듯이 입도 열어야 합니다

고맙습니다
감사합니다
힘내세요
행복하세요

열심히 입으로 표현하다 보면
내 귀에도 들리고 또 남들도 해줄 테고
일석삼조가 되지 않을까요

칭찬해야 할 때는 적극적으로 칭찬하고
감사할 때는 감사를 표현하고
위로해야 할 때 위로를 표현하고
사랑할 때는 사랑을 표현할 줄 아는 사람이 되어보세요

〈 열린 마음은 누구라도 함께 활짝 열고 받아줍니다

당당하게 나답게

사람들의 인성이나 환경이 같을 수 없듯
나름의 장점도 다 다를 거라 확신하는데
그 장점을 잘 활용하는 것이 바로 나다운 것이겠죠

물론 이 눈치 저 눈치에
그 눈치까지 봐야 하는 속 좁은 세상에서
나답게 살기란 그리 쉽지 않은 일이지만

나 자신을 꺼내 보는 시도조차
안 해본다면 얼마나 불행한 일일까요

우리는 삶 속에서 당당하게 행동하는 사람들을
마주할 기회가 종종 있었을 겁니다

그때마다 부럽다는 생각을 하셨을 텐데
언제까지 부러워만 하시겠습니까?

이제라도 마음껏 당당해져 보세요

생각도 나답게
행동도 나답게
말도 나답게 하세요

〈
내가 나를 당당하다 여길 때
상대방도 당신을 높여 줍니다

적극적으로 살아보세요

사람들은 적극적인 사람을 좋아합니다

그리 사는 사람의 삶이 행복해 보이고
누가 보아도 즐거워 보이기 때문이겠죠

반대로 소극적인 사람은
본인 혼자서는 좋을지는 몰라도
그리 사는 사람과는 벽을 치려 들기에
누가 보아도 행복해 보이지 않습니다

하늘은 어떤 쪽에 꿈을 안겨주고 행복의 길을 터주며
어느 쪽으로 행운을 기울여 웃음 집 지어줄까요?

좋은 생각들로 마음을 가득 채우고
적극적으로 자신을 애정하고 응원하세요

낙관적으로 습관을 들인다면
당신의 꿈과 가장 빨리 가까워질 수 있으며

긍정적인 사고방식에 익숙해진다면
당신은 충분히 빛날 수 있습니다

때는 옵니다

정해진 날짜에 피는 꽃은 없지만
꽃은 계절 즈음 기어이 피어나는 것처럼

행여 피우지 못했다고
좌절과 가까이했다면 좀 더 인내하세요
끝끝내 피어내실 테니까요

뜻대로 되지 않는다는 건
아직 때가 아닐 뿐
자신을 응원하며
지닌 꿈에 정성껏 물을 주고 햇살로 빗질해 주세요

하고자 하는 마음이 간절하다면
성공의 계절은 반드시 옵니다

마음을 다스리세요

흔들리는 것도
소란스러운 것도
어수선한 것도
번잡하고 복잡한 것도
내 마음으로 인해 생기는 스스로의 고민입니다

누군가 시킨들 그리하겠습니까?

내 마음이 나약하고 허약해서
이리저리 휘청대고 넘어지고
중심을 잃고 기우뚱거리는 건데

누군가 옆에 있다고 행복하고
가지고 싶은 것 가졌다고 과연 행복할까요?

타인이나
어떤 사물로 인해서
순간의 행복을 느낄 수도 있겠지만
진정한 행복은
나 자신의 감정으로 인해 느꼈을 때가 아닐까요?

마음을 다스리세요

어떻게 마음먹느냐에 따라
행복과 불행, 기쁨과 슬픔 중
당신의 저울은 어느 한쪽으로 기웁니다

아픔 감추기

세상은 참 공평해서
행복을 골고루 나누어 주듯이
조금씩 모양은 다르지만 아픔도 함께 나누어 줍니다

그런데 그 아픔을
어떤 사람은 감기처럼 살짝 이겨내는 반면
어떤 사람은 금방이라도 죽을 것처럼 헤어나질 못하는 경우가 있습니다

물론 실제로 중증일 수도 있지만
어쩌면 쉽게 극복할 수 있는 것을 절망에 매몰돼
스스로 무너뜨리는 이들이 있는데 바로 생각 차이가 아닐까 싶습니다

걱정이 없어 보이는 사람들이
항상 웃음을 앞세운다고
과연 보이는 것처럼 행복하기만 할까요?

그들 또한 너무 아팠고 지금도 아플지 모르지만
감추는 방법을 터득했기 때문에 아파 보이지 않을 뿐입니다

〈
웃는 얼굴과 찡그린 얼굴 중
당신이라면 어떤 얼굴과 마주하고 싶으세요
상대방도 아니 나 스스로도 같은 생각일 겁니다

물론 다 웃어넘기기엔 벅찰 때도 있겠지만
그럼에도 불구하고
들어내기보다는 감출 필요는 있습니다

행복이 내 안에 머무르게 하고 싶다면
아픔 정도는 감추는 방법을 터득하세요

감사하세요

난로 안에 장작이 없다면
어느 누가 곁불 쬐러 오겠고
불꽃을 바라 성냥을 켜겠습니까

행복의 불꽃
희망의 불꽃을 켜고 싶다면
틈나는 대로 감사를 쌓아두세요

감사는 마음의 장작입니다

피그말리온 효과

손가락으로 크게 쓰며 따라 읽어보시겠어요

'나는 지금 행복합니다'

어때요? 행복해지셨나요?

물론 마음을 흠뻑 채우진 못했더라도
따라 썼다면
눈으로 행복이 보이지 않던가요
소리 내어 읽었다면
귀로도 행복을 들었을 테고요

부족한 삶을 살더라도
늘 행복하다 느끼는 사람이 되고 싶다면
어딘가 잘 보이는 곳에
기분 좋게 하는 글 하나쯤 써 놓으세요

그리고 그 글을 수시로 보면 좋을 것 같은데
어떠세요?

모자라다 싶을 때마다
눈에 씨를 뿌려주다 보면
마음속에 행복의 열매가 주렁주렁 열리기 시작할 겁니다

내가 정답입니다

답이 없을 땐
자신에게 물어보세요

물론 틀릴까 싶어
누군가에게 기대고 싶겠지만
남은 남,
자신보다 더 간절한 남은 없습니다

결국 모든 정답은 자신에게 있는 것
자신을 믿으세요

자신에 대한 불신은 자신을 추락시키는 씨앗이 됩니다

같이 사는 세상 만들기

도로에서 자연스럽게 새치기를 일삼고
과속으로 놀래키는 그래서 눈살 찌푸리게 하는 이기심들을 봅니다

당신은 어떤 편이세요?

당연히 아닌 쪽에 속한 사람들이 많은 건 사실이지만
결국 부드러운 진행을 흩트려 진흙탕 길을 만들고
과속은 오히려 사고 날 확률만 높은 저승길 티켓인 것을
끼어들고 과속하고 끼어든다고
과연 몇 분이나 더 빨리 갈까요?

물론 부득이한 사정일 때도 있겠지만
그렇지 않다면 흐름대로 가세요

늦는 게 걱정돼 그럴 거라면
어제 출발하시지 오늘 출발하는 심보는 뭔지?

자신은 끼어들기에 끝판왕이면서
부득이하게 끼어들어야 하는 사람들을
끝끝내 방해하는 또 그 심보는 뭔지?

〈
너만 바쁘다고 착각하지 마세요

양심은 소통의 첫 단추
흐름을 방해하지 마시고
질서를 지키며 기꺼이 양보도 하세요

세상에 바쁘지 않은 사람은 없습니다

감탄하는 습관을 가지세요

언제부턴가 어떤 일에도 쉽게 반응하지 않는 사람을
'쿨한 사람이다'라며
고상하고 세련된 사람으로 생각하면서
우리도 그렇게 변해가고 있었습니다

하지만 거기에 함정이 있어서
막상 사소한 일에는 감탄할 줄 모르는 그들에게 흥미를 잃어가네요

그렇다고 쿨하게 살지 말라는 것은 아니지만
리액션을 잘하는 사람을 만나면
작은 일에도 환호하고 열광하며
배꼽 잡고 박장대소하게 되는 것처럼

좋은 일, 즐거운 일, 기쁜 일이 생기면
유난을 떤다 싶을 정도로 반응해 보면 어떨까요

아주 작은 일에도
많이 기뻐하고 많이 표현하세요

행복은 감동하고 감탄할 때 느끼는 희열입니다

웃어야 하는 이유

당신이 웃지 않으면
자신 마음은 물론
가족도 직장 동료들도
거리에서 지나치는 사람들이나
처음 만나 인사 나누게 되는 사람들도
온통 무표정이 됩니다

생각해보세요
당신이 웃지 않는데 그 얼굴에 대고
상대방이 과연 웃을 수 있을까요?

그리고 웃음없이 대화를 이어가고 마음 나누려 한들
찐한 교감을 이룰 수 있을까요?

바로 우리가 웃어야 하는 이유입니다

내 입에서 나간 말이 결국 내게로 오고
칭찬을 아끼지 않으면 그 칭찬이 내게로 오는 것처럼

많이 웃으세요
웃다 보면 웃을 일이 많이 생깁니다

눈으로 보는 세상

당신의 눈으로 바라보는 세상은 어떤가요?

세상은 있는 그대로 보이는 것이 아니고
눈을 통해서 머릿속에 전달되기 때문에
아름답게 본다면 세상이 아름답다고 믿을 테고
부정적으로 본다면 세상이 두렵게만 느껴지겠죠

행복도 마찬가지입니다
세상에 보이는 작은 일들 하나하나를
감사하고 사랑으로 볼 수 있다면
행복을 느끼게 되겠지만

그러나 반대로
세상을 비관적으로만 본다면
그 마음은 과연 어떨까요?

세상을 어떻게 바라볼 것이냐도
세상을 어떻게 살 것이냐도
결국 당신 몫인 것입니다

생각대로 된다는 것 아시죠?

〈
행복을 꿈이 아닌 현실로 만드는
가장 쉬운 방법은
눈동자에는 감동을 담고
마음속에는 감사를 담는 것입니다

행복의 횟수를 늘리려면

남들에게는
친절하고, 상냥하며 박수 쳐주고 칭찬도 잘하면서

정작 나에게는 칭찬은커녕
격려 한 번 제대로 해본 적이 없는 것 같은데
여러분은 어떠세요?

지금까지 살아오면서
가장 수고한 것은 결국 자신인데
자신을 칭찬하는데 인색하진 않았나요?

사실 행복을 느낀다는 것은
사소한 일이라도 내가 뭔가를 해냈을 때
그 성취감으로 인해 희열을 느끼는 것일 텐데

어쩌면 우린 순간순간 희열을 느꼈으면서도
자신에게는 표현하는 방법에도 서툴렀고
칭찬에도 인색해서 기쁨이 반감되었을지도 모르겠네요

행복은 상상이나 어떤 관념 보다
행동을 통해 내 몸이 느낄 때 카타르시스는 배가 됩니다

〈
나에게 감동먹는 횟수를 늘려 보세요
사소한 일이라도 해냈을 때
기꺼이 칭찬해주고
과하다 싶을 정도로 박수도 쳐주며
자주 나에게 감탄사를 날리다 보면 그만큼 행복도 늘어납니다

콩 심은데 콩 나려면

콩 심으면 콩 나는데
팥을 심으면 무엇이 나올까요?
당연히 팥이 나오겠죠

정말 지극히 당연한 원리인데
콩 심은 데서 팥이 나기를 기다리는 사람들은 뭐죠?

평상시에 쓰는 말과 행동, 생각들은
마음에 씨앗을 심는 것과 같아서
내가 어떤 언행을 쓰느냐에 따라서
새로운 싹이 나게 됩니다

당신의 언행이 지저분하다면
어떤 싹이 나올까요?
당신의 언행이 깔끔하면은
어떤 열매가 맺힐까요?

부정을 심으면 긍정이 자랄까요?
언행이 불행한데 행복이 자랄까요?

생각 하나에도 긍정을 심고
말 하나에도 미소를

행동 하나하나에도 예의를 심어보세요
마음 정원 가득 행복이 열립니다

1%의 차이

당신의 마음을 저울에 달아본 적 있나요?

화를 조금만 내면 불행 쪽으로 기울고
미소를 조금만 지으면 행복 쪽으로 기우는 걸 보면

마음 저울은 평상시에 행복 반, 불행 반
서로 팽팽하게 무게를 유지하다가
우리가 느끼는 아주 작은 감정
1%에 의해서 좌우되지 않나 싶은데
당신은 감정 조절을 잘하고 계실까요?

그래요, 살다 보면 의도하지 않은 일들과
맞닥뜨리게 되는 경우가 비일비재해서 조절이 쉽진 않겠지만

자주 행복 쪽으로 기울고 싶다면
1%의 감정으로도 기우는 간단한 원리를 이용해 보는 건 어떨까요

항상 주머니 속에 생에 가장 행복했던 순간을 넣고 다니는 겁니다
그것이 웃음일 수도 있고 자신감일 수도 있는데 선택은 각자의 몫이겠죠

〈
그렇게 지니고 다니다가
어렵고 힘들 때 꺼내 마음 저울에 올린다면
금방 기울지 않을까요

불행도 행복도 딱 1% 차이입니다

오늘 당신의 1%를
어느 쪽에 올려놓으시겠습니까?

난 그 1%를 행복 쪽에 올리겠습니다

서로의 온도가 되어주세요

희로애락을 함께 하려는 마음이 있다면
상생에서 쌓은 덕은 자신에게 돌아옵니다

서로가 서로를 좀 더 너그럽게 이해하며
서로의 온도가 되어주세요

아름다운 양보와 베풂은
불신을 허무는 하얀 이 웃음 열쇠
마음 문을 활짝 여세요

행복으로 가는 첫 단추는 동행입니다

스킨십

누군가와 손을 잡았을 때
내 손이 더 따뜻하다거나
아니면 다른 이의 손이 뜨거웠던 걸
느낀 적이 있을 겁니다
그래서 놓고 싶지 않은 느낌이랄까

그렇게 손을 잡는 것은
두 사람의 체온을 나누고
두 사람의 마음까지 나눌 수 있는 기회가 되겠죠

팍팍한 삶에 떠밀려
점점 더 메말라가는 우리의 일상을
스킨십으로 변화를 줘보면 어떨까요

인사할 때 악수를 하고
부부나 연인이라면 길을 걸을 때 손을 잡고 걸어 보는 겁니다
어때요, 상상이 가시나요?

항상 손을 따뜻하게 하세요

손을 잡았을 때 체온을 나눌 수 있다면

사랑은 더 사랑스럽게 웃음 짓 지을 수 있겠고
꽁꽁 얼었던 마음이었다면 따스히 녹일 수 있지 않을까요

자, 시작해 보세요
사랑도
용서도
아름다운 마법은 당신 손에서 시작됩니다

말이 화火가 됩니다

60, 70년대까지만 해도 당연한 것이 많았습니다
옷도
신발도
배고픔도
지금은 당연히 있는 것들이 그때는 참 부족했습니다

하지만 그 어려운 가운데도
늦저녁이면 가끔 아버지 손엔 종이봉투가 들려져 있었고
어머니는 마술사였을까요
적게 먹어도 배가 불렀던 유년 시절

그래도 돌아보면 어려운 시절이었지만
정이 흐르고 예의가 있고
조금도 나눌 줄 아는 사랑스러운 시절이었지요

지금은 가진 것이 너무 많아서일까요
끈기는 찾아보기 어렵고
근성은 사라진듯하고
땡깡이나 부리고 생떼나 부려서 해결하려는
나는 있고 남은 없는 사람들 많습니다

자신이 칭찬받으려면

남을 먼저 칭찬해야 함이 당연시될 적이 있었는데
내 말만 옳고 상대방의 말에는 귀를 닫는
오로지 다툼만 난무하는 세상
왜 이렇게 변해가는지?

요즘도 당연시되는 것이 있긴 합니다
거짓말
막말
이기주의
예전엔 없던 것들이 자꾸 늘어 가는데
과연 상대방을 인정하지 않으면서 자신이 인정받을 수 있을까요

잘못 뱉은 말이 화火가 됩니다

좋은 말은 천 냥 빚도 갚는다지만
나쁜 말은 독 묻은 화살촉으로
한 번 박히면 잘 빠지지도 않습니다

말 한마디를 할 때도 입에서 꺼내기 전에
가슴속에 존재하는 사랑 우물에 잠시 담갔다 꺼내 보세요

〈
말에서 향이 나지 않을까요?

사람은 욕심을 먹고 사는 존재가 아닌
사람은 사랑을 먹고 사는 존재입니다
그 사랑을 먹으려면 말조심이 먼저입니다

생각 차이

있고 없고의 차이가 얼마나 클지는 모르지만
사람 사는 게 다 그렇고 그런 게 아닐까요

조금 편안하고 조금 불편한 차이는 있겠지만
마음먹기에 따라 달라질 수도 있지 않을까 싶은데

조금 서운해도 기뻐하고
조금 부족해도 만족할 줄 알고
조금 불편해도 '괜찮아' 할 줄 알며
남에게 양보하는 것 또한 감사로 느낄 수 있다면
더 이상 마음 편한 삶이 어디 있을까요

어쩌면 우리는 지금 무척 행복한데
반대의 생각을 가지고 살아서
어렵고 힘들어하는지도 모릅니다

있다고 두 번 살고
없다고 반 번 사는 게 아닌데
핑계를 두르지 마시고
생각에 긍정을 심어 감사를 뿌리내리세요
마음 편하면 장땡입니다

아침 첫 생각이 하루를 좌우합니다

오늘 아침 첫 생각이 무엇이었습니까?

그것이 기쁜 일이라면
온종일 입가에 꽃이 피고 향기가 나겠지만

만약 걱정거리라면
그 걱정이 걱정을 낳아 진종일 화난 얼굴로
입가엔 찬바람이 쌩- 쌩 불 테죠

내 기분은 누가 정해주는 것이 아니라
내 기분은 내가 정하는 것입니다

설령, 걱정이 있더라도
아침에 첫 생각만큼은 기쁜 일로 하면 어떨까요
당장 없다면 행복한 기억을 소환해 보는 것도 좋겠죠

그렇게 기분 좋은 아침의 기억들이 하루하루 쌓이다 보면
잠들기 전에 벌써 설레기 시작하고
아침이 기다려질 겁니다

사랑을 실천하세요

우리는 세상에 태어나서부터 지금까지
많은 사랑을 주고받으며 살아왔습니다

물론 어떤 사랑은 상처를 주기도 했지만
또 다른 만남을 이어가는
사랑의 본성이 있기에 오늘도 꿈을 꾸며

하늘이 맺어준 많은 인연들로
사랑의 끈을 이어가고 있기에
지금을 살아가고 있는지도 모릅니다

오늘도 우리는 아빠로 엄마로
아들로 딸로 친구로 지인으로
그 끈을 이어가며 살아갈 겁니다

어렵고 벅차고 힘겨울지라도
삶 속에서 사랑을 실천하세요

사랑의 끈을 끊지 않고 이어가고 있다면
어떤 고난도 질끈 묶어 가볍게 할 수 있습니다

마음 저금통

저금통과 휴지통의 차이는 무얼까요?

통은 똑같은 통이지만 쓰임새가 다른 건
고정관념일 수도 있겠다 싶은데
조금은 생각만 바꾼다면
둘의 운명이 바뀔 수도 있지 않을까요

제아무리 빛이 나는 황금색 돼지 저금통이라 할지라도
쓰레기를 담는다면 휴지통이 되는 것이고

반면에 거무튀튀한 휴지통일지라도
동전을 지폐를 모으기 시작한다면
꿈과 희망을 상징하는 저금통으로 거듭나지 않을까요

자신의 마음을 쓰레기통으로 만들지
저금통으로 만들지는
전적으로 자신의 결정에 의한 선택입니다

그렇다면 지금
당신의 마음 통에는 무엇을 담고 계시나요?

만약 쓰레기로 가득 찼다면

지금이라도 당장 싹 다 비우고
마음 통에 희망의 동전을 모아보세요

하나하나 쌓일 때마
마음 꼬리가 무지개를 그리기 시작할 겁니다

마음은 빛, 몸은 재산

마음이 시키는 말
몸이 지키지 못한다면
누더기가 되는 건 결국 자신

마음이 심장의 빛이라면
몸은 나를 지키는 유일한 재산입니다

천 길 낭떠러지가 숨어 있는 세상에서
발길 삐끗 추락하고 싶지 않다면
마음이 시키는 말에 귀 기울이세요

고단하고
지칠 때
거울 속에 내 눈을 보고
미안해
고마워하며
마음과 더 자주 깊은 교감을 나눈다면
어떤 극한에서도
손 털고 일어날 수 있습니다

명상은 자기 사랑의 실천입니다

당신은 자신의 마음에게
물을 주고 거름은 주십니까?

혹시 그냥 살아지니까
그냥 살아가시는 건 아닌지

만약 후자에 속한다면
안 봐도 비디오
마음 정원이 온통 잡초와 가시로 우거져 있을 텐데
그대로 방치할 생각은 아니시겠죠?

마음을 황폐한 자갈밭으로 만드느냐
아름다운 꽃밭으로 만드느냐는 온전히 자신의 몫
새로운 생각을 심고 좋은 생각을 가꾸는 걸 소홀히 하지 마세요

제 생각은 늘 변함없이
'아침이 행복해야 하루가 행복하다'라고
믿고 있는 사람입니다

그 귀한 아침에 기도와 명상을 통해
잡초를 뽑고 가시를 거둬내어

매일 맑은 아침을 만들어 낸다며
당신의 매일이 거뜬하지 않을까 싶은데
지금이라도 동의하신다면

잠시라도 좋습니다
물도 주고 거름도 주며
상한 곳은 없는지 꺾인 곳은 없는지
매일 아침 자신을 들여다보세요

명상은 당신을 가꾸는 마음 정원사입니다

몸과 마음은 하나여야 합니다

어떤 사람은 자신이 하는 일이
가장 어렵고 힘들다고 하는 반면에
어떤 사람은 자신이 하는 일이
가장 쉽고 즐겁다고 합니다

과연 이런 차이는 어디서 오는 걸까요?

몸과 마음이 함께 움직이는 사람과
따로 움직이는 사람의 차이가 아닐까 싶네요

지금 내가 하는 일을
자신 스스로 깔아뭉개고
형편없는 것으로 비하卑下 하면서
남의 것만 부러워한다면
그 부러워하는 일을 다시 시작한들 과연 잘할 수 있을까요

지금 내가 하는 일이 무엇이든 상관없이
그 일에 만족하고 그 시간을 즐겁게 쓸 수 있다면
일생 지루할 일이 없을 겁니다

주변 환경에 휘둘리지 마시고

몸이 가면 마음도 따라가세요
마음이 가지 않는 몸은 지치기만 할 뿐
몸이 선택했다면 마음을 집중하세요

안부도 저축입니다

지금 머릿속에 떠오르는 사람들에게
문자를 보내면 어떨까요

긴 문장은 아니어도 예를 들자면
친구에겐 '나의 너여서 고마워' 라든가
가족에겐 '내 마음에 집을 지어주어서 감사합니다'
지인에겐 '동행에 감사드립니다'라고
안부 문자를 보내 보는 겁니다

뜬금없어 보이고
상대방이 뭐꼬? 하며 생각할 수도 있겠지만
자주는 아니어도 가끔 이런 안부 메시지를 보내다 보면
정이 더 깊어가지 않을까요

일상이 바쁘고
세상이 힘들고 어려울수록
주변과 소통하며 인사를 나누세요

보내는 내 마음이 따뜻해지는 것처럼
받는 이 또한 마음에 모닥불이 켜질 겁니다

거저 피는 꽃은 없습니다

조금 부족하다고 과연 죽을 만큼 힘들까요

지난 이야기를 꺼낸들 뭣하겠습니까만
그동안 흥청망청은 아니더라도 절약을 남 보듯 하며 아끼지 않았다거나
남들 땀 흘리는 시간에 편한 것만 찾고
할부에 대출에 막차엔 돌려막기까지 철저하게 나약한 삶을 살아서
또 그러는 동안 남에게 피해를 줬다면 당연히 감당하기 어렵겠지요

거기에 가끔 선善을 이용해 제 배를 채우는 이들도 있으니
그걸 뛰어넘는 것도 자신의 몫
어쩌면 행복은 산 넘어 산이 아닐는지 모르나

조금의 불이익이나 다소 손해가 따르더라도
욕심내지 않고 툭툭 털고
웃어넘길 수 있는 여유를 만들 수 있다면
당신은 행복한 삶을 누릴 수 있는 충분한 자격이 생길 것입니다

〈
약간의 이익과 몇 푼의 돈 때문에
행복을 팔고 있진 않았는지 돌아보세요

꽃 한 송이 한 송이에도 때가 있는 것처럼
사람에게도 거스른다고 거스를 수 없는 때가 있습니다

욕심이 욕심을 낳고
불신이 불신을 낳는
어리석은 답습에 현혹되지 마세요

행복은 꾸준함에서 옵니다

주저앉고 싶을 때도
포기하고 싶을 때도 있었을 테지만
아주 잘은 아닐지라도 꾸준히 걷고 있다면
희망은 당신 편입니다

언제가 걷고 싶어도 걷지 못할 때가 올 테고
언제가 시간이 멈출 때도 올 텐데
지금 걷고 있다는 것이 얼마나 감사할 일일까요
멈추지 말고 꾸준히 걸어야 하는 이유입니다

물론, 조건이나 환경에 따라 보폭도 제각각
속도의 차이는 있겠지만

걸어가는 법만 잊지 않는다면
조금은 늦을지라도
내가 그토록 원했던 목적지에 갈 수 있습니다

당신은 어머니의 자랑이십니다

거칠고 따가운 외줄기 삶
쉬우면 인생이 아니죠

하여, 마음 끝 작다란 섬에 갇혀
아픔 깨물며 어둠 적시던 눈물 누가 알겠습니까마는

힘들고 지칠 때면
토닥토닥 위로하며 말없이 잡아주셨던
어머니의 따뜻한 손을 기억하며
묵직한 힘을 느껴보세요

더는 서툰 덧칠로
'내 새끼가 최고여' 하시던
어머니의 그 자랑을
부끄럽게 만들어서는 안 됩니다

한 번에 얻어지는 행복은 없습니다

원하는 걸 얻기 위해 쉬지 않고 간절히 기도하다 보면
이루어진다는 말이 있습니다

마찬가지로 내 마음을 반복적으로 세뇌시킨다면
생각한 대로 마음이 가지 않을까요

제가 오래전 아침 편지를 쓰기 시작할 때
첫 마음은 내 기도를 편지로 쓰면서
마음이 행복해지기 위해서였습니다

매일 쓴다는 게 쉽진 않았지만
결과는 마음이 많이 따뜻해지고
편안해지고 행복해졌다는 사실이죠

당신은 어떤 방법으로 아침 시동을 걸고
그 행복을 지켜나가고 계시나요?

물론 자신만의 방법을 터득해
꽃길만 걷고 계 신분들도 있겠지만

가슴이 접혀 있었다면
반복을 통해 가슴을 활짝 펴고

끈을 놓고 있었다면
이 또한 반복을 통해 당당하게 희망을 당겨
내 것으로 만들어야 합니다

막연히 행복이 하늘에서 뚝 떨어지길 바라는 것이 아니라면
어떤 방법이든 자신만의 방법을 찾아보세요

그렇게 터득한 행복 열쇠로 매일 아침 하루의 시동을 걸다보면
부릉부릉 막힘없이 달려가고 있는 당신을 만나게 될겁니다

마음먹기 따라 당신도 부자가 될 수 있습니다

돈이 많아 돈부자
빽이 많아 빽부자
어쩌면 사람들의 로망일지도 모르는 것처럼
사실 어느 누가 힘들고 어렵고 싶겠습니까마는

하지만 현실은 부정할 수 없는 현실
모두가 만족할 수는 없지만
그렇다고 부자가 되지 말란 법도 없으니까

이도 저도 아닌 뭔가 부족하다 싶으면
정이 많은 정 부자
사랑 많은 사랑 부자가 되어보면 어떨까요?

돈이나 빽이 삶의 전부가 될 수는 없지만
정과 사랑은 삶의 전부가 될 수 있습니다

봄처럼 살아요

곱고 예쁠 시간도 턱없이 부족한데
눈물 들어설 자리가 있을까요?

과거가 얼마나 뾰족했든지 간에
겨울 털고 온 봄은 울지 않습니다

지금까지 어렵고 힘든 시간이었다면
툭툭 털고 당신도 봄이 되어보세요

과거에 집착하지 않으며
미래의 설렘에 의지하기보다는
최대한 현재를 즐기는 봄처럼

고와지고 예뻐지려고 노력하다 보면
슬픔을 제어할 힘이 생길 겁니다

행복 레시피

우린 가끔 생각지도 못했던 것에서
기쁨을 느끼곤 합니다.
알고 보면 늘 곁에 두고 있던 것인데
있는 줄도 모르고
그저 크고 좋은 것에만 눈이 멀어버린 탓에
쉽게 싫증나고 쉽게 곁눈 팔고 있는 것이 아닌지

이젠 가까이에 있는 것들에
관심을 가져보는 게 어떨까요

감나무 아래서 행복이 떨어지기를 기다리는 대신
소소한 일상 중에서
그걸 찾아보는 것이 현명하지 않을까요

행복해지려면 우선 자신감이 필요합니다
내 생각에 남의 떡이 커 보이는 것처럼
남들은 나의 떡이 커 보이게 마련이거든요

그러니 뭘 하든 즐겁게 하세요
하다가 실수하면 다시 하면 되는 것
비관만 해선 안 됩니다

〈
이름있는 장인들이 처음부터 잘했을까요

땀과 노력 없는 성공이 없듯이
내가 내 일을 사랑하지 않고
내가 나 자신을 사랑하지 않으면
행복은 신기루에 불과합니다

무엇을 부러워하기보다는
무엇을 이루어 내려 노력해 보세요

그 과정에는 분명 인내가 필요하겠지만
음식에 각종 조미료가 필요한 것처럼
흥미와 호기심, 재미 같은
조미료를 가미하기 시작한다면
자신의 일에서 행복을 느끼게 될 겁니다

서둘지도 마세요
흥미가 쌓이고 재미가 쌓이다보면
나만의 견고한 행복 레시피가 탄생할 겁니다

응원은 모난 돌도 둥글게 만듭니다

응원하며 사세요

당신은 물론
당신이 아끼고 사랑하는 사람도
가파른 삶의 궤도에서 이탈하지 않도록
존재감을 키워주려면

삼삼칠박수도 좋고
'힘내라 힘'도 좋고
'괜찮아'도 좋습니다

마음 한가운데 긍정이란 꽃등을 켤 수 있도록
자주자주 응원하며 사세요

마음 색

엇나간 삶의 파편을 드러내고 싶어서
눈가에 슬픈 빛을 풀어가며 운다고
과연 가슴이 후련해질까?

아마도 속이 후련하긴커녕
그러면 그럴수록
몸까지 피폐해지고 있는 자신을 만나게 될 텐데
삶의 행간에서 휘청일 때
마음 색을 바꿔보면 어떨까?

울음은 고통의 빛깔이어서
몸과 마음에 울음 색을 덧칠하고 있다면
아무리 아닌 척 포장해봤자 벗어날 수 없으니

잊고 싶은 게 있고
벗어나고 싶은 것이 있다면
너의 마음을 웃음 색으로 바꿔 봐

먹먹하고 절절한 생의 무늬에
기꺼이 웃음 색을 칠할 수 있다면
내 장담하건대
어떤 어려움 앞에서도
뚝심의 신발 끈을 쪼매고 있는 너를 만나게 될 테니까

변종 된 삶의 방향을 바꿔라

새벽녘 집을 나서면
먹고 마시고 쓰고 남은 쓰레기들이
봉투에 담겨 거리에 즐비하다

한때는 싱싱했고 청량했고
필요로 했던 물품들이
제 몫을 다하고 버려지는 슬픈 선택

이처럼 먼 어느 날 거리 한 귀퉁이에
밀봉된 봉투에 담겨 버려지지 않으려면

나는 지금 싱싱한지
나는 지금 쓸모 있는 삶을 살고 있는지
돌아볼 일이다

마지못해 살고 있고
생의 기쁨보다 아픔을 계산하는데
시간을 허비하고 있다면
변종 된 삶의 방향을 바꿔라

말 못 할 사연의 무게는 누구나 무거운 법
그 무게를 벗고 옹이 없는 나이테를 그려라

〈
일방적인 편견으로 자신을 시들게 하지 말고
언어의 명도와 표정의 채도를 바꿔
변질된 자신을 밀어내고
자신의 가치를 끌어올려라

99%의 행복은 가까이에 있다

멀리 있는 행복이나
남이 누리는 행복은
내 것이 될 확률이 1% 정도밖에 되질 않는다

나머지 99%는 가까운 곳에서 찾아라

지금 내가 쥔 것이 작아 보일지는 모르나
남들은 내 것을 크게 느낀다

행복은 누가 줄 수 있는 물건이 아니고
스스로 만들어 내야 하는 뭉클함이다

자신의 가슴속 외침에 귀를 기울이고
동시에 자기 변화를 실천해라

소소함에서 스스로 보람을 찾아낸다면
지금 손에 쥔 어떤 역경도 행복과 바꿀 수 있다

용기는 어떤 두려움도 이긴다

겁먹지 마라
각자의 자리는 있으니까
비관도 하지 마라

빡빡한 세상
설 자리가 없을 것 같아도
하늘은 공평해서
누구에게나 나름의 재능과 기회를 준다

섧디 섧게 가녀린 몸 하고서도
기찻길 옆이거나
차들이 쌩쌩 달리는 도로 옆이거나
환경을 탓하지 않으며
기어이 까치발하고 피는 코스모스처럼
용기를 내라

진흙 속에서도 꽃은 피고
척박한 땅에서도 꽃은 핀다

현재를 사랑하세요

세상이 날 위해 돌아가는 줄 모르고
실큼 부어오른 가려운 흔적에 머물러
결심하는 걸 잊는다면
과연 내가 벌린 틈을 메울 수 있을까요

후회는 불쌍한 거짓말로
당신을 과거 속에 머물게 합니다

세간의 등허리가 휘고
때론 가슴 복판이 꼬깃꼬깃하더라도
현재를 살아가세요

시고 떫은 내리막을 걷고 있고
어둠으로 꽉 찬
눈두덩 부은 밤이 계속되고 있다면
더더욱 현재를 사랑해야 하는 이유입니다

실수의 뒷모습에 연연하지 마세요

내가 풀어헤친 마음 단추를
기꺼이 지금 내 손으로 여밀 수 있을 때

〈
밀월을 꿈꾸던 당신의 다짐들이
세상에 때를 묻혀가며 살아갈 수 있는 힘이 생깁니다

창연시선 024

2024년 4월 24일 초판 1쇄 발행

지 은 이 ｜ 김학주
편　　집 ｜ 이소정
펴 낸 이 ｜ 임창연
펴 낸 곳 ｜ 창연출판사
주　　소 ｜ 경남 창원시 의창구 읍성로 36
출판등록 ｜ 2013년 11월 26일 제 2013-000029호
전　　화 ｜ (055) 296-2030
팩　　스 ｜ (055) 246-2030
E - mail ｜ 7calltaxi@hanmail.net

값 15,000원
ISBN 979-11-91751-83-3　　03810

ⓒ 김학주, 2024

* 이 책의 판권은 저자와 창연출판사에 있습니다.
* 양측의 서면 동의 없이 무단 전재나 복제를 금합니다.